Heinz Schulz-Wimmer

Reite das
Gewohnheitstier

Heinz Schulz-Wimmer

Reite das Gewohnheitstier

Routine raffiniert einsetzen

Kösel

Mix
Produktgruppe aus vorbildlich bewirtschafteten
Wäldern und anderen kontrollierten Herkünften
www.fsc.org Zert.-Nr. SGS-COC-001940
© 1996 Forest Stewardship Council

Verlagsgruppe Random House FSC-DEU-0100
Das für dieses Buch verwendete FSC-zertifizierte Papier
Classic 95 liefert Stora Enso, Finnland.

Copyright © 2010 Kösel-Verlag, München,
in der Verlagsgruppe Random House GmbH
Umschlag: Elisabeth Petersen, München
Umschlagmotive: shutterstock images/Tatjana Russita
Illustrationen im Innenteil: Wolfgang Pfau, Baldham
Druck und Bindung: GGP Media GmbH, Pößneck
Printed in Germany
ISBN: 978-3-466-34552-6

www.koesel.de

Für meine Tochter Ann-Katrin

Inhalt

I Die Zähmung des Gewohnheitstiers

Warum Sie sich zu nichts zwingen können . .   11

1 Warum es den inneren Schweinehund nicht gibt.   12

2 Wozu Sie den inneren Arbeitselefanten einspannen können   25

3 Wie Sie Probleme meistern: Werden Sie Meister im Meistern von Problemen   34

II Zaumzeug und Sattel für den Arbeitselefanten

Ihr Handwerkszeug für das bewusste Steuern Ihrer Gewohnheiten   47

4 Ihr persönliches Stoppsystem   48

5 Wie Sie sich gezielt entspannen.   63

6 Was Visualisieren bringt und wie es
   klappt   76

7 Aufschreiben – wie Sie schwarz auf weiß
   die Dinge in den Griff bekommen   85

8 Wie Sie lernen, sich selbst gut zuzu-
   reden   96

III Aufsteigen, Zügel in die Hand!

Welche Angewohnheiten Sie immer wieder
brauchen.   109

9 Hinschauen – was ist eigentlich das
   Problem?.   110

10 Ziele setzen – wie Sie die Latte auf die
   richtige Höhe legen   122

11 Den Weg wählen – wie Sie herausfinden,
   auf welchem Weg Sie Ihr Ziel erreichen
   werden   132

12 Los – der erste Schritt   141

13 Achtsamkeit – wie Sie verhindern,
   in alte Muster zurückzufallen   152

IV Reite los und halte das Tier in Bewegung

Wie Sie Tag für Tag etwas Gutes noch besser machen können **165**

14 So machen Sie sich das Anfangen zur Gewohnheit **166**

15 Wie Sie weitermachen, wenn der Spaß verfliegt **176**

16 So nehmen Sie sich immer das richtige Problem vor **188**

17 Wie Sie Ihre Stimmung gezielt beeinflussen, um am Ball zu bleiben **199**

18 Wie es ist, wenn es wie von selbst geht **209**

Literatur **219**

I Die Zähmung des Gewohnheitstiers

Warum Sie sich zu nichts zwingen können

1 Warum es den inneren Schweinehund nicht gibt

»Nichts ist mächtiger als die Gewohnheit.«
Ovid

Der Wecker summt, Sie wachen auf. Draußen ist es noch dunkel, im Zimmer ist es kalt. Sie machen Licht, stellen den Wecker ab, tappen ins Badezimmer. Sie nehmen die Zahnbürste, drücken Zahnpasta aus der Tube, fangen an, sich die Zähne zu putzen. Schauen in den Spiegel. Klick: Erst wenn die Zahnbürste wieder im Becher steht und Sie vielleicht überlegen, was Sie heute anziehen werden, schaltet Ihr Gehirn auf den aktiven Arbeits-Modus. Bis hierhin haben Sie sicher noch kein einziges Mal wirklich über das nachgedacht, was Sie gerade tun. Sie hatten auf Autopilot geschaltet. Vielleicht gehören Sie sogar zu den Menschen, die erst dann so richtig aufwachen, wenn sie nach einem Frühstück und einer halbstündigen Autofahrt im Büro angekommen sind.

Wir sind, was wir immer wieder tun

Was glauben Sie, wie oft schalten Sie am Tag – und in der Nacht – auf Autopilot? Wie oft übernehmen Ihre Gewohnheiten das Ruder? Stellen Sie sich einen Eisberg vor, der langsam durchs Polarmeer treibt. Nur zehn Prozent seiner Masse liegen sichtbar über dem Wasserspiegel. Diese zehn Prozent stehen für den bewussten Teil Ihrer Persönlichkeit. 90 Prozent des Eisberges aber liegen unter Wasser, sind unsichtbar. Sie versinnbildlichen den Part Ihres Lebens, der aus Ihren Gewohnheiten, aus immer wieder ablaufenden Routinen und Automatismen zusammengesetzt ist.

Überschlagen Sie einmal, wie oft im Leben Sie sich schon die Zähne geputzt haben! Unsere Eltern haben es uns – wenn wir etwas Glück hatten – schon von klein auf beigebracht. Jeden Morgen und jeden Abend das gleiche Ritual. 15.000-mal, 20.000-mal oder 50.000-mal? Wenn Sie jetzt auf Reisen einmal die Zahnbürste vergessen, fühlen Sie sich sofort unbehaglich. Für die Außenwirkung täte es ja zur Not auch mal ein Pfefferminz – doch Ihnen ist nicht ganz wohl, wenn Sie Ihrem Reinlichkeitsritual nicht folgen können. Andersherum gesagt: Wenn wir unseren Gewohnheiten folgen können, geht es uns gut. Aus exakt diesem Grund wird in erstklassigen Hotels ganz genau Buch geführt über die Gewohnheiten aller Gäste. Wenn ein Gast dann erneut einen Aufenthalt in diesem Hotel bucht, bekommt er das gleiche Zimmer, das richtige Kopfkissen und seine Lieblingsblumen stehen auch schon bereit. Gäste genießen diesen Komfort, sie fühlen sich gut aufgehoben – fast wie zu Hause. Das ist die Macht der Gewohnheit. Sie kann dafür sorgen, dass es uns gut geht – oder wir uns schlecht fühlen.

Im Laufe unseres Lebens prägen wir unsere Gewohnheiten – und die Gewohnheiten prägen uns. Wir passen zueinander wie Hand und Handschuh. Bereits in der Antike erkannte Aristoteles: »Wir sind, was wir immer wieder tun.« Und Peter Sloterdijk, ein Philosoph unserer Tage, meint: »Es ist an der Zeit, den Menschen als das Lebewesen zu enthüllen, das aus der Wiederholung entsteht.« Unsere Persönlichkeit ist die Summe unserer Gewohnheiten. Sie sollten es einfach akzeptieren: Sie sind ein Gewohnheitstier. Ob Sie wol-

Wir sind die Summe unserer Gewohnheiten.

len oder nicht. Sie sind es, Sie waren es schon immer und Sie werden es immer sein.

Den einen oder anderen erschreckt das jetzt: Wie? Ich ein Gewohnheitstier? Ich lebe doch bewusst, bin flexibel, kreativ und alles andere als langweilig! – Ja, das stimmt. Aber trotzdem sind Sie ein Gewohnheitstier, denn andernfalls wären Sie schon längst psychiatrisch untergebracht und medikamentös eingestellt. Und es ist doch auch gar nicht so schlimm, die sich tausende Male gleichförmig wiederholenden Dinge im Autopilot-Modus abzuarbeiten. Wir müssen nicht jederzeit im Hier und Jetzt präsent sein, auch wenn uns das so mancher Ratgeberautor oder Vortragsredner einreden will. Es ist auch nicht so schlimm, beim Zähneputzen noch halb zu schlafen. Auch ist es nicht dramatisch, beim Schnürsenkelbinden den magischen Augenblick zu verpassen, wenn die Schleife sich fest zusammenzieht. Und es ist auch kein Sakrileg, im Supermarktregal ganz selbstvergessen automatisch immer dieselbe Milchmarke zu greifen.

Wir alle delegieren so viele langweilige Sachen im Leben an den Autopilot. Freuen wir uns darüber! Denn entscheidend ist vielmehr, in den maßgeblichen Momenten hellwach zu sein. Lieber 90 Prozent automatisiert und dafür bei den zehn Prozent der Zeit, in der Sie wirklich gefordert sind, topfit und geistig auf der Höhe! Finden Sie nicht auch?

Energiesparlampen strahlen heller

Gewohnheiten werden leider oft als Widerstände angesehen, die wir um jeden Preis überwinden müssen. Das ist ein fataler Trugschluss! Erst unsere Gewohnheiten erlauben es uns, sparsam mit unserer Energie umzugehen – damit wir den Kopf frei haben für die wesentlichen Dinge des Lebens. Denn Energie ist eine Ressource, die uns allen nur in begrenztem Maße zur Verfügung steht. Das weiß jeder, der zwei Nächte hintereinander durchgemacht hat – ob in In-Locations oder am Bett seines kranken Kindes – und am nächsten Morgen wieder voll leistungsfähig sein muss. Das Energiekontingent, das uns zur Verfügung steht, können wir nicht beliebig erhöhen. Irgendwann geht das Licht aus und wir fallen um. Auch durch Sport, gesunde Ernährung und vernünftigen Lebenswandel machen wir höchstens ein paar Prozentpunkte gut. Jeder von uns muss konsequent mit seinen Ressourcen haushalten.

Das Gehirn macht nur zwei Prozent unserer Körpermasse aus, verbraucht aber schon im Ruhezustand 20 Prozent unserer Energie. Wenn wir Entscheidungen treffen, wenn wir Probleme lösen, wenn wir uns selbst motivieren, benötigt es noch viel mehr – denken ist anstrengend! Je mehr Abläufe wir ohne großes Nachdenken einfach geschehen lassen können, desto besser ist es für unsere Energiebilanz. Und genau hierbei unterstützen uns unsere Gewohnheiten. Mit ihrer Hilfe müssen wir nicht stets von Neuem über jeden Schritt, den wir immer und immer wieder tun, nachdenken. Unsere Gewohnheiten halten uns den Rücken frei. Sie sind unser Energiesparprogramm.

Dabei sind Gewohnheiten viel mehr als die spezielle Art und Weise, wie Sie vielleicht Ihr Kopfkissen aufschütteln und zurechtrücken, bevor Sie sich darauf schlafen legen. Gewohnheiten umfassen auch ganze Denkstrukturen, komplexe Verhaltensweisen und Bewegungsabläufe. Die Art und Weise, wie ein Chef auf die Kritik eines Mitarbeiters reagiert: ein Gewohnheitsmuster. Die Stimmung auf der Fahrt zum Fußballstadion am Samstagnachmittag: ein Gewohnheitsmuster. Die Reaktion auf die schlechte Mathenote des Sohnes: ein Gewohnheitsmuster. Immer wenn wir unseren Autopiloten einschalten können – beim Denken, Reden, Sitzen, Liegen, Gehen, Streiten, Telefonieren, Planen, Hoffen, Feiern, Einkaufen, Essen –, sind unsere Gewohnheiten mit im Spiel. Gut, wenn dann die Gewohnheiten zur Aufgabe passen und gute Ergebnisse hervorbringen. Schlecht, wenn nicht ...

Die Weisheit der Gewohnheiten

Gewohnheiten sind aber noch viel mehr als nur Energiesparprogramme. Sie geben uns den Halt, den wir nicht mehr finden können, weil uns bestimmte Instinkte fehlen. Tiere werden mit einem festgelegten Verhaltensrepertoire geboren, das sie für alle Lebenssituationen fit macht. Ein Eisbär wird mit dem Programm für die Arktis, ein Orang-Utan mit dem Programm für den Regenwald geboren. Der Mensch hat ein solches Programm für seine Stadt-Auto-Büro-Wohnzimmer-Umwelt nicht, er muss es erst entwickeln. Er verfügt zwar über sein Steppe-Höhle-Jagd-Programm, aber das nützt ihm herzlich wenig, wenn sein Mitarbeiter die Deadline verpasst hat oder seine Tochter einen Freund mit Piercing in der Unterlippe nach Hause bringt. Ein zur aktuellen Umwelt passendes Verhaltensrepertoire extra zu entwickeln und in Gewohnheitsmuster zu überführen, ist zwar aufwendig, versetzt uns aber in die Lage, auch außerhalb von Höhlen ganz gut zu leben.

Ein Steppe-Höhle-Jagd-Programm nützt wenig, wenn die Tochter einen Freund mit Piercing heimbringt.

Unser Erfahrungsschatz bestimmt unsere Gewohnheiten. Über die Jahre lernen wir, welche Reaktion in welcher Situation angemessen und Erfolg versprechend ist. So können wir dann spontan und gleichzeitig richtig reagieren. Angehörige von Feuerwehr, Polizei und Militär trainieren deshalb bestimmte Situationen immer und immer wieder, damit im Notfall das relativ langsame Nachdenken über die richtige Reaktion durch eine automatisierte Handlung ersetzt wird. (Übrigens, haben Sie schon einmal über ein Fahrsicherheitstraining nachgedacht?) Auf diese Weise verhindern unsere Gewohnheiten auch, dass wir von aktuellen Stimmungen stärker beherrscht werden, als es gut für uns und die anderen wäre. Gewohnheiten können nämlich rationaler sein als bewusst gefällte Entscheidungen, sie basieren schließlich auf der Summe unserer Erfahrungen. Bewusst gleich vernünftig? Diese Gleichung stimmt nicht immer. Unbewusst-gewohnheitsmäßig gleich vernünftig? Diese Gleichung stimmt. Meistens.

Gewohnheiten geben nicht nur uns selbst Halt, sondern auch allen anderen, die mit uns zu tun haben. Sie machen uns berechenbar. Wir können uns fast immer darauf verlassen, dass unser Gegenüber in bestimmten Situationen genau so reagieren wird, wie er es zuvor auch schon getan hat. Und auch eine Partnerschaft braucht Rituale. Es ist nicht das Schlechteste, wenn die Bindung zwischen Menschen nicht nur auf Leidenschaft, sondern auch auf Gewohnheiten basiert. Ein Partner ohne jede Gewohnheit wäre eine schreckliche Vorstellung! Ganz gleich was Sie tun, ob Sie ihn zum Essen einladen, ihm etwas kochen, mit ihm ins Kino gehen – nie könnten Sie sicher sein, ob ihm das Restaurant zusagt, ob ihm Ihr Essen schmeckt und ob der Film, den Sie ausgesucht haben, ihm gefällt. Nur mit Gewohnheiten ist ein Zusammenleben von Menschen überhaupt möglich.

Traditionen und Gesetze

Nicht nur jeder Einzelne, auch ganze Kulturen – und zwar alle – nutzen die Kraft der Gewohnheiten. Ganz gleich, ob es sich um stillschweigende Übereinkünfte handelt oder um Gesetze, die kollektiven Gewohnheiten summieren sich zu Kulturen und machen erst ein Zusammenleben möglich. Denn sie befreien uns davon, immer neu aushandeln zu müssen, wie wir täglich miteinander umgehen. Eine Energiesparmaßnahme ersten Ranges! Und analog zum einzelnen Menschen gilt auch hier: Wenn der Alltag in einer Kultur wie von selbst läuft, bleibt ihr genügend Kraft, um sich kreativ weiterzuentwickeln.

Da gibt es zum Beispiel die Verordnung, im Straßenverkehr rechts zu fahren. Darüber denken wir nicht jedes Mal nach, wenn wir ins Auto oder aufs Fahrrad steigen. Es hat sich bewährt, es ist gesetzlich vorgeschrieben, wir haben es so gelernt und wir tun es einfach. Und sparen damit eine Menge Kraft. Dabei ist es ganz egal, ob wir uns auf die linke oder die rechte Straßenseite verständigt haben – solange sich alle daran halten.

Früher war die Zahl von Übereinkünften und Traditionen in der Gesellschaft deutlich größer als heutzutage. Ob Kleidung, öffentliches Verhalten, Ausübung des Berufs – die Dinge des täglichen Lebens waren in heute beinahe unvorstellbarem Maße geordnet und festgelegt. Der Sohn des Schmiedes musste sich erst gar keine Gedanken machen, was er denn später einmal werden wolle, er wurde einfach auch Schmied. Der Bauernsohn übernahm den Hof und der Sprössling des Schneiders Nadel, Stoff und Maßband. Auch im Beruf selbst galt: »gelernt ist gelernt«. Über Jahrhunderte hinweg veränderte sich die Arbeit des Bauern oder Handwerkers im Laufe seines Lebens allenfalls geringfügig.

Heute sind die meisten Traditionen und Routinen weggebrochen. Viele Berufsbilder wandeln sich in rasender Geschwindigkeit. Der äußere Rahmen, die festen Regeln, die dem Einzelnen bei aller Einengung doch auch Halt gaben und ihn entlasteten, haben ihre Bedeutung verloren. Ich habe zum Beispiel als Kind gelernt, dass man sonntags zwischen 13 und 15 Uhr draußen nicht laut spielt, es herrschte Mittagsruhe. Zu dieser Zeit den Rasen zu mähen

Die meisten Traditionen sind heutzutage in Vergessenheit geraten.

war völlig undenkbar. Heute gibt es diese Konvention nicht mehr. Wer am Sonntag seine Ruhe will, muss erst mal mit dem Nachbarn streiten.

Der Wegfall von Regeln hat uns ein hohes Maß an individueller Freiheit beschert, im Gegenzug finden wir aber die Richtschnur unseres Handelns nicht mehr – energiesparend – von außen vorgegeben. Viele Entscheidungen müssen wir nun also täglich selbst treffen, und das kostet Kraft. So viel Kraft, dass wir unser Leben nur allzu gerne »simplifyen« oder am liebsten einfach mal rufen würden: »Ich bin dann mal weg!« Zu keinem Zeitpunkt der Geschichte mussten wir so wenig arbeiten wie heute. Und noch nie haben wir das Leben als so anstrengend empfunden. Es gibt also einen guten Grund, mit unserer Energie hauszuhalten, unsere Willenskraft zu schonen und auf unsere Gewohnheiten zu vertrauen. Unser Autopilot ermöglicht es uns, das Leben zu meistern, er sorgt für Effizienz und Stabilität. Peter Sloterdijk sagt dazu: »Unsere Gewohnheiten machen uns fit für die Anforderungen.«

Freund oder Feind?

Etwa fünf bis sieben Millionen Menschen leiden in Deutschland unter der Stoffwechselkrankheit Diabetes mellitus, und es werden immer mehr. Eigentlich ist Diabetes gut behandelbar, unter anderem müssen die Betroffenen nicht weniger, nur anders essen. Dieser Wechsel der Ernährungsgewohnheiten erfordert jedoch Disziplin, die viele der Erkrankten nicht aufbringen können – obwohl sie genau wissen, dass schwerwiegende und sogar lebensgefährliche Folgekrankheiten drohen: Herzinfarkte, schmerzhafte Nervenschädigungen, Sehverluste bis hin zur Erblindung, Koma. Dies alles kann sie nicht davon abhalten, so zucker- und fettreich wie bisher zu essen.

Gewohnheiten sind also Segen und Fluch zugleich: Genauso existenziell es für uns ist, sie zu nutzen, genauso entscheidend ist es, sie bei Bedarf auch wieder ablegen zu können. Leider haben Gewohnheiten die unangenehme Eigenschaft, dass man sie nur sehr schwer wieder loswird. Sogar wenn es angebracht, dringend erforderlich oder sogar lebenswichtig ist. Horace Mann, ein amerikanischer Bildungsreformer des 19. Jahrhunderts, fand für diese Macht des Eingeübten ein einprägsames Bild: »Die Gewohnheit ist ein Seil. Wir weben jeden Tag einen zusätzlichen Faden, und schließlich können wir es nicht mehr zerreißen.«

Nicht nur äußere Anlässe verlangen Änderungen an unseren Gewohnheiten. Es gibt auch einen inneren Wunsch nach Veränderung. »Dem Menschen wohnt ein Streben nach Entwicklung inne, er ist darauf angelegt, sich zu entwickeln«, sagt Aristoteles. Wir wollen also immer wieder über uns selbst hinauswachsen, alte Hüllen abstreifen, neue Bereiche erobern. Was nichts anderes bedeutet als: neue, gute, effektive Gewohnheiten zu etablieren.

Bei Tier- und Menschenkindern findet die Entwicklung im Spiel statt, sie lernen mit Lust und freuen sich über jede Fähigkeit, die sie neu erworben haben. Sie üben, üben, üben, bis es ihnen problemlos gelingt, aufrecht zu sitzen, zu stehen, ohne umzufallen, stolperfrei zu laufen, die Muttersprache zu sprechen und so weiter. Beobachten Sie mal Kinder beim Entwickeln von Gewohnheiten, also beim Üben. Es ist eine Freude! Wir Erwachsenen sollten uns diesen Spaß an der Entwicklung bewahren. Und unser Gehirn ist darauf ausgelegt, selbst in hohem Alter noch neue Verbindungen zu schaffen. Vielleicht hat sich die Natur ja etwas dabei gedacht.

Beobachten Sie mal Kinder beim Entwickeln von Gewohnheiten – eine Freude!

Gewohnheiten sind also nicht nur Ihre besten Freunde, sie können auch starke Widersacher sein. Darum dürfen Sie sich von Ihren Gewohnheiten nicht beherrschen lassen Umgekehrt wird ein Schuh daraus: Sie müssen Ihre Gewohnheiten beherrschen! Sie müssen die Fähigkeit entwickeln, jederzeit neue, gute Gewohnheiten einzuüben und alte, problematische Gewohnheiten abzulegen. Wie ein funktionierendes Immunsystem wird sich Ihr Gewohnheitssystem so auf die Wechselfälle des Lebens einstellen können. Dann haben Sie Ihr Leben im Griff.

Ein Schweinehund kommt mir nicht ins Haus!

Sie möchten endlich etwas für Ihre Fitness tun. Am einfachsten wäre es, die Joggingschuhe hervorzuholen, doch zahlreiche deprimierende Beispiele aus Ihrem Freundeskreis sind Ihnen dabei Warnung genug: Auf Dauer ist man ja doch zu bequem, abends noch eine Runde zu laufen. Sie gehen also nicht in diese Falle – Sie nicht! Die Lösung: Ein Heimtrainer muss her. Wenn Sie dann nach einem langen Arbeitstag nach Hause kommen, müssen Sie sich nicht mehr aufraffen, um in ein Fitnessstudio zu fahren oder hinaus ins Kalte zu laufen. Es geht viel praktischer! Während Sie in Ihrem Wohnzimmer Arme und Beine mit eleganten Pumpbewegungen wie nebenbei auf Vordermann bringen, können Sie gleichzeitig endlich mit gutem Gewissen fernsehen. Die Anschaffungskosten stehen in direktem Verhältnis zum erwarteten Gewinn an Lebensqualität – Sie entscheiden sich also für das Modell mit Herzfrequenzmesser-Brustgurt, 64 vorinstallierten und 24 individuell einstellbaren Trainingsprogrammen, Multipositionslenker und Komfort-Gel-Sattel.

Die erste Zeit ist wunderbar! Sie sind hoch motiviert und fühlen sich wie neugeboren. Doch bereits die nächste UEFA-

Pokalspiel-Übertragung erfordert Ihre volle Aufmerksamkeit – ganz abgesehen davon, dass auch Manni sich zum Gucken angemeldet hat. Doch wenn man zu zweit auf dem Sofa sitzt, muss einer der Zuschauer sich ziemlich verrenken, um an dem Trainings-Trumm vorbei den Bildschirm zu sehen. Also hieven Sie und Manni das Gerät aus der Sichtachse und etwas näher an die Wohnzimmerwand. Und schon hat das teure Stück seinen ersten Schritt auf dem langen, langen Weg vom Wohnzimmer über das Zimmer Ihrer Tochter, die im Ausland studiert, den ausgebauten Dachstuhl und den Flur in den Keller getan. Dort, wo eigentlich mal eine Sauna eingebaut werden sollte, dient es jetzt als Lehne für die Skier.

So manches Fitnessgerät ist ein Grabmal hoher Erwartungen und gescheiterter Vorsätze.

Können Sie sich vorstellen, wie viele hochwertige Heimtrainer in deutschen Kellern ein trostloses Dasein fristen? Sie alle sind Grabmale hoher Erwartungen und gescheiterter Vorsätze. Doch trösten Sie sich! Ganz gleich ob Heimtrainer oder Langlauf-Skier – jeder hat solche Leichen im Keller.

Viel wichtiger ist: Wie gehen Sie mit solchen Erfahrungen um? Viele Menschen nennen den Widerstand gegen als notwendig erkannte Änderungen ihren inneren Schweinehund. Auf den ersten Blick ist das ganz praktisch, schiebt man doch mit dieser Kunstfigur alle Verantwortung von sich, der innere Schweinehund ist ein idealer Sündenbock. Aber das ist zu kurz gedacht.

Denn leider funktioniert die Sache mit dem Sündenbock nur dann, wenn man ihn, nachdem man ihn mit Schuld, Versagen und Misserfolg beladen hat, auch wirklich in die Wüste schicken kann. Das geht aber nicht, denn die Gründe für das Scheitern von guten Vorsätzen liegen in unserer Persönlichkeit, in uns selbst. Doch wir haben die Wahl, darauf mit Frustration, unproduktivem Ärger und einem angeknacksten Selbstvertrauen zu reagieren oder uns der Realität zu stellen.

Falls Sie noch nicht ganz überzeugt sind, dass die Vorstellung vom inneren Schweinehund eine andauernde Attacke auf das seelische Gleichgewicht ist, schauen wir doch mal, woher der Begriff überhaupt stammt. Der Schweinehund ist eine besondere Hunderasse, die eigens für die Sauhatz gezüchtet wurde. Einmal auf die Fährte gesetzt, kannte er nur ein Ziel: hetzen, zupacken und nicht mehr loslassen. Auch wenn es das eigene Leben kostete. Also ein höchst aggressiver Hund mit nur einer Aufgabe: zu zerfleischen.

Aus dem beißwütigen Hund mit Killer-Instinkt ist ein schrecklicher Gegner, ein Dämon geworden, der im Inneren wütet. So schrecklich, dass er während des Ersten Weltkriegs selbst Infanteristen, die Todesangst litten, aus den Schützengräben auf die Schlachtfelder jagen konnte. Damals erst hat sich nämlich der Sprachgebrauch »den inneren Schweinehund zu überwinden« herausgebildet. Grauenvoll, diese Wendung! Verwandeln Sie darum Ihr Seelenleben nicht in ein Schlachtfeld, auf dem Sie den imaginären Schweinehund toben lassen! Denn niemand kann auf Dauer das Ringen mit dem inneren Schweinehund gewinnen.

Etwas Gesundes von sich selbst zu hassen, ist krank.

Auch dann nicht, wenn man ihn als Comicfigur verniedlicht und den Kampf mit ihm als kindliche Rangelei verharmlost. Der Kampf gegen ihn ist immer ein Kampf gegen die eigenen Gewohnheiten und damit gegen sich selbst. Einen gesunden Teil von sich selbst zu hassen, ist krank. Versuchen Sie es also nicht einmal – das kostet nur Kraft. Bildsymboliken sind ja grundsätzlich gut, aber dieses sicherlich nicht.

Vielleicht fragen Sie sich: »Warum ist es so wichtig, wie ich mein Innenleben bezeichne? Innerer Schweinehund oder nicht – das ist doch ganz egal!« Unterschätzen Sie nicht die Macht der Worte! Schon im Talmud steht:

»Achte auf deine Gedanken, denn sie werden deine Handlungen;
achte auf deine Handlungen, denn sie werden deine Gewohnheiten;
achte auf deine Gewohnheiten, denn sie werden dein Charakter;
achte auf deinen Charakter, denn er wird dein Schicksal.«

Lassen Sie Ihr Denken also nicht von negativen Bildern beeinflussen. Denn es entscheidet darüber, ob und wie Sie Ihre Ziele anpacken, ob Sie Geduld mit sich haben oder ob Sie sich vor lauter Frust in eine gnadenlose Selbstblockade manövrieren. Das, was viele Menschen als inneren Schweinehund bezeichnen, ist nichts weiter als ein Teil unserer Persönlichkeit. Es ist sinnlos, gegen sich selbst zu kämpfen. Kraft und Energie, um Veränderungen im Leben durchzusetzen, gewinnen Sie nur dann, wenn Sie alle Teile Ihrer Persönlichkeit annehmen und akzeptieren. Machen Sie also Ihren Frieden mit sich und streichen Sie endgültig das Bild vom inneren Schweinehund aus Ihrer Vorstellung!

Entdecken Sie stattdessen ein ganz anderes, wunderbares Tier in sich …

2 Wozu Sie den inneren Arbeitselefanten einspannen können

»Exzellenz ist keine Haltung,
Exzellenz ist eine Gewohnheit.«

Aristoteles

Mein Gewohnheitstier ist ein gutmütiges und freundliches Wesen. Es ist liebenswert, kraftvoll und überaus verlässlich, groß und massig, in sich ruhend und gelassen. Ich stelle mir ein Tier vor, das ziemlich viel Ähnlichkeit mit einem Elefanten hat. Wenn im indischen Dschungel morgens die Nebel langsam aufsteigen, sehen Sie ihn noch ein wenig schläfrig auf einer Lichtung stehen. Sachte wiegt er sich vor und zurück, schlenkert mit seinem Rüssel und schaut ruhig vor sich hin. Doch hat er sich erst einmal in Bewegung gesetzt, bringt ihn so leicht nichts mehr zum Stoppen. Er liebt die Routine, auf vertrauten Pfaden fühlt er sich wirklich wohl. Doch er kann auch zu Höchstleistungen angespornt werden, immerhin schaffte es Hannibal, seine Elefanten auf den ihnen gänzlich unbekannten Weg durch die eisigen Alpen zu leiten.

Faul ist er nicht, ganz im Gegenteil. Weil er so stark und gutmütig ist, erledigt er klaglos alle regelmäßig anfallenden Aufgaben. Egal wie schwer der Baumstamm ist, den er heben soll – er schafft es. Ganz gleich wie lange er arbeiten soll – er wird nicht müde. Solange es nur Aufgaben sind, die er bereits kennt und die er schon oft erledigt hat. Er ist ausdauernd, berechenbar und nicht leicht aus der Ruhe zu bringen; es gibt kein zuverlässigeres Wesen als ihn. Aber Sprints und Überraschungen sind nicht unbedingt seine Sache. Er ist der Richtige für die Langstrecke. Er weiß, wie man langfristig und nachhaltig über die Runden und ans Ziel kommt.

Ein Gewohnheitstier wie unser Arbeitselefant ist kein gefügiges Haustier, dafür ist es viel zu eigenständig und unabhängig. Wenn Sie mit ihm zusammenarbeiten möchten, müssen Sie eine ruhige Hand und viel Geduld haben. Es lernt langsam, dafür gründlich. Schnell mal einen Trick gezeigt, und schon springt es durch den Reifen? So geht das nicht. Unvorstellbar, dass es wie ein Esel zur Arbeit geprügelt werden könnte. Nur mit viel Einfühlungsvermögen und Besonnenheit erreichen Sie, dass es tut, was Sie möchten. Es handelt sich also nicht um ein Verhältnis von Herr und Knecht, sondern eher um eine Partnerschaft. Doch wenn Sie sich erst einmal aneinander gewöhnt haben, geht Ihr Arbeitselefant mit Ihnen durch dick und dünn.

Ein Gewohnheitstier springt nicht einfach so durch einen Reifen.

Was Ihr Gewohnheitstier alles für Sie tut

Ihr Gewohnheitstier schert sich nicht um Strategien und Ziele, das überlässt es vollkommen Ihnen. In einem Feld aber ist es absoluter Spezialist: Es ist der ideale Experte für das Alltägliche, das stetig Wiederkehrende, die stets gleichen Aufgaben, die wir immer wieder erledigen müssen. Es sorgt zum Beispiel dafür, dass wir beim Autofahren – spätestens nach einigen Monaten Fahrpraxis – das Gasgeben, Bremsen und Kuppeln nicht mehr bewusst ausführen müssen. So haben wir den Kopf frei, um den richtigen Weg zu finden oder in brenzligen Situationen richtig zu reagieren.

Ein Auto zu fahren wird von den meisten Menschen gar nicht mehr als anstrengend oder gar unangenehm wahrgenommen, vielen macht es sogar richtig Spaß. Das sähe anders aus, wenn wir bei jedem Überholmanöver, bei jeder Ampel, bei jedem Anfahren die einzelnen Schritte bewusst ausführen müssten. Blinker setzen, Gas geben, Abstand halten, andere Autos im Blick behalten, in den fließenden Verkehr einscheren, nicht zu schnell und nicht zu langsam werden – unzählige Einzelschritte sind notwendig, um nur die ersten 100 Meter zurückzulegen. Niemand wäre gerne mit dem Auto unterwegs, wenn es dauerhaft so anstrengend wäre wie für einen Fahrschüler in seiner dritten Fahrstunde.

Wenn Sie sich überlegen, was Ihr innerer Arbeitselefant Ihnen alles abnimmt, dann erkennen Sie, dass eine ganze Menge an Tätigkeiten dabei sind, die eigentlich ganz schön lästig und mühselig sind. Die Sie aber gar nicht mehr als unangenehm wahrnehmen, eben weil Ihr Gewohnheitstier sie jeden Tag für Sie erledigt. Oder wie war das, als Sie sich heute Morgen die Schuhe zugebunden haben?

Können Sie sich daran erinnern, wie schwer es war, als kleines Kind seine Schnürsenkel selber zu binden? Wie oft blieb der Finger im Knoten stecken, wie oft war das Ergebnis ein schlappes Etwas, das sich nach wenigen Schritten wieder ins Nichts auflöste, und wie oft hatten die Freunde schon das erste Tor auf dem Bolzplatz geschossen, bis Sie sich überhaupt den ersten Schuh angezogen hatten! Wie sind Sie gequält worden mit Sprüchen wie »Das musst du üben, das wird schon« und »Deine Schnürsenkel sind wieder aufgegangen«! Wir können davon ausgehen, dass Sie heute Ihre Schuhe selbst zuschnüren und dass Sie dies seit langer Zeit tun, ohne darüber nachzudenken. Ohne immer wieder zu jammern, wie verdammt unbequem es ist – vor allem bei hohem Alter oder Körperum-

Jede Routine ist ein Sieg für Ihr Gewohnheitstier!

fang –, sich jedes Mal bücken oder hinknien zu müssen, und das mehrmals am Tag. Sie merken es noch nicht einmal mehr. Aus der ungeliebten Aufgabe ist eine automatisierte Bewegung geworden, die leicht von der Hand geht. Ein Leben lang. So etwas liebt Ihr Elefant! Er erledigt die Routine und wir haben ein Problem weniger. Auf der ganzen Linie ein Sieg für Ihr Gewohnheitstier!

Die tägliche Mühsal delegieren

Gewohnheiten entstehen einzig und allein durch Wiederholung. Wenn Sie eine bestimmte Handlung immer wieder auf die gleiche Weise ausführen, hinterlässt das mit der Zeit in Ihrem Gehirn eine Spur: Unzählige Nervenzellen bilden ganz neue Bahnen und verbinden sich zwischen den für diese Handlung beanspruchten Gehirnregionen zu einem festen Netz, sodass ihr Zusammenspiel immer sicherer und schneller wird. Je häufiger Sie die Handlung ausführen, desto fester wird auch diese Verbindung. Erst diese Eigenschaft unseres Gehirns, immer wieder neue feste neuronale Netze zu knüpfen, befähigt uns, selbst komplexe Leistungen gewohnheitsmäßig zu erbringen. Wie wäre es also, das Gewohnheitstier nicht nur vor sich hin-

wursteln zu lassen, sondern es aktiv und bewusst zu trainieren? So könnten Sie davon profitieren, dass es noch mehr Dinge des täglichen Lebens als bisher energiesparend für Sie erledigt! Denn in Beruf und Privatleben gibt es immer wieder Routinen, die unausweichlich sind. Sie können jeden Tag kämpfen, bittere Niederlagen und teuer erkaufte Siege erleben – oder Sie machen aus bestimmten Tätigkeiten eine Gewohnheit. Mit jeder sinnvollen Gewohnheit, die Sie sich zusätzlich antrainieren, nehmen Sie unnötigen Druck aus Ihrem Leben. Oder anders gesagt: Wenn Sie die Energieflüsse bewusst steuern, die Ihnen zur Verfügung stehende Energie intelligent einsetzen, werden Sie mehr vom Leben haben.

Bürden Sie Ihrem Gewohnheitstier also ruhig zusätzliche Arbeit auf, vor allem all das, was Ihnen lästig und unangenehm ist und dennoch immer wieder erledigt werden muss. Keine Sorge, es ist noch lange nicht an seiner Leistungsgrenze angekommen, es kann noch eine ganze Menge auf sich nehmen und Sie damit weiter entlasten. Wer seinen inneren Arbeitselefanten nicht trainiert, der lässt ihn verdummen und wird darüber hinaus in seinen Verhaltensweisen starr und unflexibel.

Bürden Sie Ihrem Gewohnheitstier ruhig zusätzliche Arbeit auf!

Und einen weiteren Effekt hat es, möglichst viele gute Gewohnheiten zu haben: Je mehr Wege unser Gewohnheitstier kennt, umso beweglicher wird es auch. Wenige Gewohnheiten zu haben bedeutet, dass es nur Autobahnen gibt: Man ist schnell, kommt aber nicht überall hin. Viele Gewohnheiten zu haben bedeutet hingegen, dass es ein dichtes Netz von Bundes- und Landstraßen gibt. Man ist vielleicht nicht ganz so schnell unterwegs, aber dafür gibt es viele Wege zum Ziel. Das macht uns flexibler und weniger abhängig von einzelnen Gewohnheiten.

Energie sparen und Lebensqualität gewinnen

Nehmen wir an, für dieses Jahr hatten Sie sich vorgenommen, Ihre Steuererklärung gleich am Anfang des Jahres fertig zu machen. Im Februar haben Sie alle Unterlagen beisammen, in einer Schachtel liegt alles kunterbunt durcheinander: Rechnungen und Bescheinigungen, Pauschalen, Kindergeld, Versicherungen und ein ganzer Stapel Zettelchen – ein unüberschaubarer Wust. Sie beschließen: Am nächsten Wochenende werden Sie sich dransetzen. Ganz sicher.

Im März steht die Schachtel immer noch im Regal und setzt langsam Staub an. Im April gibt es zwar einen langen Regensonntag, doch Sie können sich einfach nicht überwinden. Bevor Sie sich hinsetzen, um die Belege zu sortieren, räumen Sie lieber die Küche auf. Dann gibt es erst mal einen Kaffee. Am Ende landet die Kiste wieder im Regal, morgen ist schließlich auch noch ein Tag. Erst wenn der Abgabetermin drohend vor der Tür steht, ist der Druck so groß geworden, dass Sie die ungeliebte Aufgabe an einem Nachmittag durchziehen. Im Nachhinein zeigt sich mal wieder: Eigentlich war's gar nicht so schlimm.

> **Immer wieder stellt sich heraus: Eigentlich war's gar nicht so schlimm.**

Was meinen Sie: Wie viel Zeit hat Sie die Steuererklärung gekostet? Ich schätze, vielleicht vier Stunden netto. Aber all die Stunden, in denen Sie mit schlechtem Gewissen an die Formulare gedacht hatten, all die Wochenenden, in denen Sie ein Grummeln im Magen verspürten, weil Sie wussten, dass die Schachtel auf Sie wartet! Wie viel kostbare Lebenszeit haben Sie unproduktiv verschwendet! Was hätten Sie in dieser Zeit nicht alles unbeschwert tun können! Wenn Sie sich bereits im Februar hätten aufraffen können – wie viel Energie, Zeit und Lebensqualität hätten Sie dann gewonnen!

Ihr Gewohnheitstier kann Ihnen helfen, diesen Schatz an Energie, Lebensqualität und Zeit zu heben. Wenn Sie es sich aktiv zu Ihrer Gewohnheit machen, über das ganze Jahr hinweg jede Woche alle Belege einzusortieren, so kann erst gar kein Wust entstehen. Und wenn das neue Jahr angefangen hat, setzen Sie sich an den Schreibtisch und erledigen die Steuererklärung in einem Zug. Wer so gut vorbereitet ist, braucht nur noch ganz wenig Willenskraft für den letzten Schritt. Das schafft jeder!

In einem nächsten Schritt können Sie sich vornehmen, auf Ihrem Schreibtisch in Zukunft Ordnung zu halten. Mit einem sinnvollen Ablagesystem entstehen wirre Papierstapel erst gar nicht mehr. Dann werden Sie auch nicht mehr lange nach der Rechnung des Installateurs suchen und auch nicht hektisch alle Schubladen durchwühlen müssen, um die Theaterkarten für den Abend zu finden. Und um gleich mit einem Ammenmärchen aufzuräumen: Die wenigsten Genies leben in einem Chaos. Wenn Picasso eine Inspiration hatte, musste er ganz sicher nicht erst nach dem richtigen Pinsel suchen.

Mit Gewohnheiten gestalten Sie Ihr Leben also effektiver und gewinnen den Luxus, sich überlegen zu dürfen, was Sie mit der gesparten Energie anfangen möchten. Das wirkt sich auch auf Ihre Lebensqualität aus. Sie erhöht sich gleich in doppelter Weise: Einmal müssen Sie sich mit vielem Unangenehmen nicht mehr quälen, und andererseits können Sie die eingesparte Energie für die schönen Dinge des Lebens einsetzen.

Gewohnheiten bewirken Freiheit

Ambrose Bierce, der amerikanische Journalist, Satiriker und Lebenskünstler, schrieb vor gut hundert Jahren in sein Wörterbuch des Teufels: »Gewohnheit ist eine Fessel der Freien.« Wie hat er das gemeint? Stößt er ins selbe Horn wie diejenigen, die die landläufige Meinung vertreten, Gewohnheiten seien langweilig, grau und trist? Und ein Leben, das von Gewohnheiten bestimmt wird, könne deshalb nur öde und traurig sein? Dann wäre das Leben nur ein steter Kampf, um die Gewohnheiten zu überwinden.

Ich bin sicher, dass Ambrose Bierce es ganz anders meint: Erst wenn wir die Gewohnheiten als festen und positiven Bestandteil unseres Lebens nutzen, dann können wir wirklich frei sein. Der alltägliche Kleinkram gehört nun mal zu unserem Leben, wir kommen nicht an ihm vorbei. Doch wenn wir ihn von unserem Arbeitselefanten erledigen lassen, hindert er uns nicht mehr an unserer Entfaltung. Die gewonnene Energie gibt uns die Freiheit zu tun, was wir wirklich wollen. Je mehr kleinere Aufgaben wir an das Gewohnheitstier delegieren, umso mehr Kraft haben wir für die wirklich anspruchsvollen geistigen Tätigkeiten, für das, was uns Menschen von allen anderen Lebewesen unterscheidet. Mit einem verlässlichen Gewohnheitstier wird unser Leben selbstbestimmter, entschleunigt und gewinnt an Sicherheit.

Nun, es ist Ihre Sache, wie Sie Ihr Leben führen wollen. Ob Sie Ihre Gewohnheiten einsetzen, um sich Ihr Leben einfacher und lebenswerter zu machen, oder ob Sie meinen, Ihre Gewohnheiten tagtäglich bekämpfen zu müssen. Gewohnheiten als positive oder als negative Eigenschaften – das entscheiden ganz alleine Sie. Doch der Unterschied könnte nicht größer sein.

Was Sie von Ihren Gewohnheiten nicht erwarten dürfen

Wie ist das eigentlich, wenn wir etwas sehr gerne tun? Denken Sie an einen Arbeiter, der nach einem langen Arbeitstag nach Hause kommt. Heute war es besonders anstrengend, stundenlang musste er Zementsäcke schleppen. Nun fühlt er sich zerschunden, alles tut ihm weh, und er ist froh, endlich Feierabend machen zu können. Zu Hause baut er gerade den Keller zu einer Bar aus. Hier wird er sich mit seinen Freunden treffen können. Er ist wie ausgewechselt, mit Feuereifer geht er ans Werk. Auch hier gilt es, Säcke zu schleppen, aber das fällt gar nicht ins Gewicht.

Wie kann es sein, dass jemand, der müde und abgearbeitet nach Hause gekommen ist, eine halbe Stunde später pfeifend und gutgelaunt wieder schwere Lasten die Treppe hinunter trägt? Hat er denn zuvor simuliert? Nein, seine Müdigkeit war echt, die Rückenschmerzen real. Doch nun ist er hoch motiviert. Sein innerer Antrieb verbraucht keine Kraft, er bringt sie ihm. Sein Tun nimmt er gar nicht als Arbeit wahr, sondern es macht ihm große Freude, seinem Ziel näher zu kommen. Er freut sich auf die Fußballabende mit seinen Kumpels in seinem neuen Partykeller. Mattigkeit und Unlust sind verflogen. Seine Motivation kommt aus dem Selbst, und dann läuft es nicht nur wie von selbst, sondern macht auch Spaß und füllt Energiereservoirs auf.

Aber machen wir uns nichts vor: Nur in den seltensten Fällen wird es Ihnen gelingen, aus unangenehmen und lästigen Tätigkeiten Quellen der Erholung und der Freude zu machen. Gewohnheiten vollbringen keine Wunder. Auch nach noch so vielen Jahren wird Sie zum Beispiel das Zähneputzen wohl kaum mit großer Freude erfüllen. Sie werden auch keine Energie und Motivation daraus ziehen können. Das dürfen Sie nicht erwarten. Doch wenn Sie sich daran gewöhnt haben, Ihre Zähne morgens und abends und vielleicht auch zwischendurch zu putzen, haben Sie immerhin eine lästige Pflicht neutralisiert. Sie empfinden sie nicht mehr als Zeitverschwendung und auch nicht als unangenehm. Und wenn Sie auch keine Energie aus dem Zähneputzen ziehen können, so verbrauchen Sie zumindest keine unnötige Energie. Und damit haben Sie doch schon viel erreicht, oder?

Gewohnheit ersetzt Motivation.

3 Wie Sie Probleme meistern:

Werden Sie Meister im Meistern von Problemen

»Wenn ich einen Tag nicht übe,
merke ich es,
wenn ich zwei Tage nicht übe,
merken es meine Kritiker,
wenn ich drei Tage nicht übe,
merken es meine Zuhörer.«

Ignacy Jan Paderewski, Pianist

Leider ist ein Gewohnheitstier recht eigensinnig. Was es sich einmal angewöhnt hat, das gibt es nicht so leicht auf. Von alleine kommt es nicht darauf, sein hundertfach bewährtes Vorgehen abzuwandeln. Das Gewohnheitstier sieht es nicht, wenn sich äußere Umstände gewandelt haben und Routinen verändert werden müssen.

Wenn Sie ihm nun klarmachen möchten, dass es tun soll, was Sie wollen, dann müssen Sie erst mal auf Ihren Arbeitselefanten zugehen und hinaufklettern. Und dann müssen Sie ihn reiten. Keine Angst, Ihr Reittier ist eigentlich ganz freundlich und auch ein wenig neugierig. Es wird Sie nicht daran hindern, auf seinen Rücken zu steigen.

Jetzt sitzen Sie oben. Im Vergleich zu dem grauen Koloss sind Sie nicht gerade groß, Ihre Beine können den dicken Hals noch nicht einmal zur Hälfte umfassen. Wenn Sie nun auf ihm sitzen wie ein Mahout auf einem Elefanten, dann gibt dieses

Bild das Größenverhältnis von bewusster Steuerung und automatisierter Reaktion recht genau wieder.

Was nun? Ein Gewohnheitstier ist kein zugerittenes Pferd, es gehorcht nicht auf leichten Schenkeldruck, den würde es kaum merken. Nur mit viel Geduld und gezielt eingesetzten Belohnungen können Sie ihm beibringen, dorthin zu gehen, wo Sie hinwollen. Wenn Sie lange und intensiv miteinander trainiert haben, werden Sie den tonnenschweren Riesen immer öfter durch Zuruf und Bewegungen Ihrer Füße dirigieren können. Dann werden Sie beide ein eingespieltes Team sein. Und erst dann wird aus Ihrem Gewohnheitstier ein Arbeitselefant geworden sein, der Sie gezielt unterstützt.

Wenn Sie die Richtung bestimmen, dann kontrollieren *Sie* Ihre Gewohnheiten und sind nicht mehr ihr Sklave. *Sie* können jetzt entscheiden, was für Sie eine gute, nützliche Gewohnheit ist und welche Sie in Ihrer Entwicklung hemmt. Zu Beginn braucht es Zeit und Geduld. Aber es lohnt sich.

Sich etwas angewöhnen

Der Weg zu einer neuen Gewohnheit ist sicherlich keine intellektuelle Herausforderung: Er besteht einfach aus einer langen Reihe von Wiederholungen. Wenn es Ihr Vorsatz ist, in Zukunft jeden Morgen das Bett zu machen, werden Sie irgendwann damit anfangen müssen. Diesen ersten Schritt nimmt Ihnen niemand ab. Beim ersten Mal ist Ihr Gewohnheitstier noch äußerst widerwillig und unverständig. »Was soll das, warum soll ich das denn jetzt machen? Das ging doch bisher auch ohne. Damit kann ich doch auch morgen anfangen«, wird es nörgeln. Jetzt geht es darum, durchzuhalten. Durch sanftes Zureden und Überredungskünste bringen Sie es dazu, dabei zu sein, wenn Sie das Bett machen. Lassen Sie keine Ausrede gelten.

Den ersten Schritt nimmt Ihnen niemand ab.

In den nächsten Tagen und Wochen gilt es, Ihrem Gewohnheitstier jeden Morgen zu zeigen, dass es genau die gleiche Tätigkeit ist wie am Tag zuvor. Machen Sie es auch immer auf die genau gleiche Weise und möglichst um die genau gleiche Zeit. Denn Ihr Gewohnheitstier spricht nun mal gerade auf Wiederholungen an. Je exakter, desto besser. Das ist sehr anstrengend. Doch mit der Zeit werden Sie merken: Es erledigt diese Aufgabe schon von allein. Und nach einigen weiteren Tagen wird es darauf bestehen, jeden Morgen das Bett zu machen und sogar beginnen, diese Routine gegen Störungen zu verteidigen. Aus der lästigen Pflicht ist eine Gewohnheit geworden, die Sie keine Energie mehr kostet.

Eine Ebene höher klappt das genauso: Wenn Sie mit dem bewussten Einüben einer neuen Gewohnheit Erfolg hatten, fällt es Ihnen anschließend leichter, weitere Gewohnheiten anzugehen, denn Erfolgserlebnisse machen uns stärker. Durch Übung können Sie aus allen unbequemen und ungeliebten Tätigkeiten, die ohne Erbarmen in bestimmten Zeitabständen auf Sie warten – ob jeden Tag, jede Woche oder jeden Monat –, eine Gewohnheit machen. Mit der Zeit werden Sie merken, dass Ihnen dieses Vorgehen immer leichter fällt, denn Sie üben ja das Üben. Das heißt nichts weniger, als das Handwerk des Lebens zu erlernen.

Gewohnheiten ändern

Neue Gewohnheiten? Einüben! So weit, so gut. Und alte Gewohnheiten über Bord werfen – wie geht das? Ganz einfach: Es geht nicht. Im Ernst. Keine Chance. Sie können Gewohnheiten nicht einfach ausradieren. Die meisten Menschen können nicht so ohne Weiteres aufhören zu rauchen. Oder aufhören, Süßes zu essen. Oder aufhören, im Stress die Kinder anzuschreien. Die Forderung »Hören Sie einfach auf damit!« ist Augenwischerei. Keiner kann das.

Einfach aufhören – das kann keiner!

Aber es gibt einen Trick, den sich jeder aneignen kann: Anstatt eine Gewohnheit eliminieren zu wollen, ersetzen Sie sie durch eine andere, die besser in Ihr Leben passt. Das geht manchmal wie von selbst, manchmal erfordert es ein klein wenig mehr von Ihnen. Mit jeder schlechten Gewohnheit, die Sie ablegen, und mit jeder guten Gewohnheit, die Sie sich an ihrer Stelle antrainieren, haben Sie einen Sieg errungen.

Sie haben auf dem Klavier ein Stück einstudiert, merken aber nun, dass Sie mit der Art und Weise, es zu spielen, nicht weiterkommen. Finger und Tasten passen an einer bestimmten Stelle einfach nicht zusammen. Sie wollen das ändern. Einen neuen Fingersatz einzustudieren ist jedoch sehr schwer, immer und immer wieder fallen Sie in das alte Muster zurück. Es ist oft leichter, ein neues Stück einzuüben, als bei einem schon eingeübten nachträglich umzulernen. Jetzt müssen Sie einfach durchhalten, denn erst wenn Sie die neue Art zu spielen oft genug wiederholt haben, ist die alte Spielweise nicht mehr übermächtig. Nach einiger Zeit können Sie das Musikstück dann fehlerfrei mit dem neuen Fingersatz spielen. Meisterhaft wäre es, wenn Sie frei zwischen beiden Fingersätzen wählen könnten, dann sind Sie wirklich flexibel.

Oft ist es auch ein ganzes Bündel an Gewohnheiten, das geändert werden soll. Dann müssen Sie realistisch sein – es gibt kein »Ab morgen wird alles anders«. Nehmen Sie sich also nicht zu viel auf einmal vor. Viel effizienter ist es, sich jeweils nur eine einzige Gewohnheit vorzunehmen und diese zu ersetzen. Das ist schon eine große Leistung. Die meisten Ziele werden in vielen kleinen Schritten erreicht, das Dranbleiben ist der entscheidende Punkt. Denken Sie daran, Gewohnheiten sind Netzwerke im Gehirn. Die müssen erst einmal wachsen, langsam, aber sicher.

Widerstand gegen Veränderung akzeptieren

Gewohnheiten sind ein Trick der Natur, um Energie zu sparen. Sie erfordern keine Anstrengung und sind auch Erfolgsgeschichten, denn sie haben sich ja tausendfach bewährt. Wir haben daher einen eingebauten Widerstand gegen das Ändern von Gewohnheiten. Wenn sich also in Ihnen etwas dagegen sträubt, Gewohnheiten zu verändern, dann ist das keine Schwäche von Ihnen, sondern vollkommen natürlich. Unser Elefant hat jede Menge Sprüche drauf wie »Da könnte ja jeder kommen!« oder »Das haben wir noch nie so gemacht!« oder »Das ist historisch so gewachsen!«. Gewohnheiten sind wie ein großes Schwungrad. Sie stabilisieren die Richtung einer Bewegung und machen dadurch gleichzeitig jede Richtungsänderung schwierig.

Starker Widerstand ist auch vorprogrammiert, wenn jemand versucht, in die Gewohnheiten anderer einzugreifen. Was passiert, wenn sich jemand auf der Busreise »7 Tage Toskana« am fünften Tag plötzlich auf den Platz eines anderen setzt? Der Tumult ist zwangsläufig. Gewohnheiten werden nun mal mit Zähnen und Klauen verteidigt. Auch das ist normal, dies sollten neben Busfahrern vor allem Lehrer, Ausbilder und Führungskräfte nicht vergessen. Nehmen Sie den Widerstand also nicht persönlich.

Tumult ist vorprogrammiert.

Wir lieben unsere Gewohnheiten, halten sie für den letzten Schluss der Weisheit. Und deswegen sind wir natürlich auch der Ansicht, mit ihnen alle anderen glücklich machen zu können. »Warum machst du das denn so, das muss man doch *so* machen!« So ein Satz stößt nur selten auf Gegenliebe. Wäre es nicht viel einfacher, erst einmal festzustellen, dass jeder Mensch seine ganz persönlichen Gewohnheiten hat und diese ihre Berechtigung haben? Ich bin mir sicher, ein Großteil unserer Alltagskonflikte würde auf diese Weise gar nicht erst entstehen.

In diesem Licht wird auch klar, warum Andersartigkeit von vielen Menschen als bedrohlich wahrgenommen wird: Anderssein ist nicht mehr und nicht weniger als ein Angriff auf die eigene Gewohnheit! »Hast du gesehen, wie der angezogen ist?«, »Ist diese Frisur nicht unmöglich?«, »Der fährt wie ein Idiot!«, »Diese Hautfarbe sieht irgendwie schmutzig aus!«, »Die müssen einem immer so nah auf die Pelle rücken!« Wenn Persönlichkeit die Summe der Gewohnheiten ist, dann bedeutet eine Person zu respektieren ihre Gewohnheiten zu respektieren. Akzeptieren Sie, dass jeder Arbeitselefant seine eigene Art zu gehen hat. Solange das nicht zu einem Zusammenstoß führt, sollten Sie kein Problem damit haben.

Konfliktpotenzial steckt in den kleinsten Dingen: Als ich mit meiner Frau zusammengezogen bin, hatte jeder von uns ein eigenes Besteck. Also lagen dann zwei verschiedene Arten von Messern, Gabeln usw. im Besteckkasten. Derjenige, der den Tisch deckte, nahm gewohnheitsmäßig *sein* Besteck. Der andere beobachtete das mit mehr oder weniger großer Begeisterung. Irgendwann raffte man sich auf, auch mal das Besteck des anderen zu nehmen. Aber immer unter genauer Beobachtung, ob der andere genauso verfährt. Wir haben daraufhin die Gewohnheit entwickelt, das Besteck zu nehmen, das man gerade erwischt. Na ja, jedenfalls meistens.

Ans Umgewöhnen gewöhnen

Apropos Mahlzeiten. Die sind meist stark ritualisiert. Ob zu Hause oder in der Kantine – setzen Sie sich doch beim nächsten gemeinsamen Essen einfach auf einen anderen Platz. Spüren Sie eine leichte Irritation? Das ist Ihr innerer Widerstand. Nach kurzer Zeit lässt er nach, bald haben Sie sich an den neuen Platz gewöhnt. Dann wechseln Sie wieder. Mit der Zeit werden Sie immer weniger Widerstand spüren, wenn Sie einen neuen Platz ausprobieren. Irgendwann haben Sie sich daran gewöhnt, immer mal wieder woanders zu sitzen. Ihr Arbeitselefant wird Sie weiter zuverlässig zum Esstisch bringen, aber die Entscheidung, wo Sie sitzen, liegt bei Ihnen.

Achtung! Falls Sie kleine Kinder haben, sollten Sie solche Übungen mit ihnen nicht machen. Sie brauchen ihre Rituale, ihre festen Abläufe. Überfordern Sie sie nicht.

Indem Sie regelmäßig alltägliche Gewohnheiten durchbrechen, Dinge einfach mal anders machen, gewöhnen Sie sich an das Gefühl des Ungewohnten. So lernen Sie flexibel zu bleiben. Versuchen Sie einfach mal

- die Zähne mit der anderen Hand zu putzen,
- die Schuhe in umgekehrter Reihenfolge anzuziehen (wussten Sie überhaupt, dass Sie immer die gleiche Seite zuerst nehmen?),
- den Weg zur Arbeit zu variieren,
- die Reihenfolge der Geräte im Fitnessstudio zu ändern,
- den Einkaufsbummel auf anderen Wegen zu machen,
- den Leihwagen von einer anderen Marke zu nehmen als der, die Sie seit 20 Jahren fahren.

Sorgen Sie dafür, dass Ihr innerer Arbeitselefant regelmäßig ein leichtes Fitnesstraining bekommt. Um fit zu sein, muss man sich beim Trainieren aber ein wenig anstrengen. Das gilt auch für das Gewohnheitstier. Muten Sie ihm immer wieder

Veränderungen zu, auch wenn es sich sträubt. Es lohnt sich, für Sie und für Ihr Gewohnheitstier.

Übung macht den Meister

So ist es Tradition: Wer Handwerksmeister werden will, muss erst einmal ein paar Lehrjahre hinter sich bringen, dann die Gesellenprüfung machen, vielleicht einige Jahre als Geselle arbeiten, danach auf die Meisterschule gehen, um dann endlich ein Meister seines Faches zu werden. Da können schon einmal zehn Jahre ins Land ziehen, bis das Ziel erreicht ist. Passend dazu sagt die moderne Altersforschung, dass Meisterschaft etwas mit dem Alter zu tun hat: Erst mit etwa 45 Jahren kann man wahre Meisterschaft erreichen. Zumindest gilt das für Tätigkeiten und Berufe, bei denen die körperliche Leistungsfähigkeit nicht im Vordergrund steht, denn die nimmt spätestens mit 30 langsam ab.

Meisterschaft ist Übungssache.

Man braucht also definitiv mehr als nur drei Jahre, um sein Handwerk wirklich zu erlernen. Erst wenn man es wirklich beherrscht, muss man nicht mehr nachdenken. Dann sorgt das Gewohnheitstier mit großer Routine dafür, dass alles, was sich einüben lässt, mühelos gelingt und der Kopf frei ist für den kreativen Prozess. Wenn Sie ein guter Verkäufer sein wollen, brauchen Sie tausende von Verkaufsgesprächen, bis Sie wirklich Ihr Metier beherrschen. Um einen perfekten Lichtschalter konstruieren zu können, müssen Sie sich lange mit Design beschäftigt haben. Und um am Klavier improvisieren zu können, müssen Sie sehr gut vom Blatt spielen können.

Picasso war ein großartiger Künstler. Seine Bilder aber waren bisweilen handwerklich so einfach, dass sie ausschauen, als ob sie im Kindergarten entstanden wären. Picasso hat nicht so gemalt, weil er es nicht anders konnte, sondern er hat es schlicht nicht mehr nötig gehabt, sich auf handwerkliche und technische Aspekte zu fokussieren. Stattdessen konnte er den Ausdruck in den Mittelpunkt seiner Arbeit stellen. Seine Friedenstaube ist weltweit ein Sinnbild für Frieden geworden. Um eine solche Ikone zu kreieren, muss man zuvor tausende andere Bilder gemalt haben.

In dem Spruch »Was Hänschen nicht lernt, lernt Hans nimmermehr« steckt ein wahrer Kern. Deshalb ist es so wichtig, bereits in der Kindheit bestimmte Dinge zu lernen. Im Grunde ist Erziehung nichts anderes, als Kindern eine Reihe vernünftiger Gewohnheiten zu vermitteln. William James, der große Psychologe, formuliert es so: »We must make automatic and habitual, as early as possible, as many useful actions as we can.« Aber auch wenn Sie Gewohnheiten erst in fortgeschrittenem Alter annehmen – es funktioniert. Allerdings werden neue Gewohnheiten dann nicht mehr so leicht und selbstverständlich Teil des Lebens werden wie in der Kindheit.

»Ein, Zwei, Wechselschritt« – der Discofox ist leicht zu erlernen, nach fünf Minuten kann sich jeder nach den simplen Grundregeln bewegen. Im Tango dagegen gibt es keine ganz einfachen, festgelegten Figuren. Jeder Schritt ist neu, kreativ, einmalig. Etwa fünf bis sieben Jahre braucht ein Anfänger, bis er sich ganz der Musik hingeben kann, bis er nicht mehr mitdenken muss. Nun raten Sie, welcher von beiden Tänzen von der UNESCO zu einem der »Meisterwerke des mündlichen und immateriellen Erbes der Menschheit« geadelt wurde.

Talent wird überschätzt

Thomas Mann machte nie einen Hehl daraus, dass ihm das Schreiben sehr schwerfiel. Aber er war auch ein sehr strukturierter Mensch mit sehr festen Gewohnheiten. Regelmäßig zog er sich jeden Morgen um neun Uhr für drei Stunden zum

Schreiben zurück. Diese Zeit war heilig, niemand durfte ihn stören. Nach ebenso festem Stundenplan recherchierte er und erledigte seine Korrespondenz. Durch diese Rituale kam er langsam, aber stetig voran. Thomas Mann hatte sicherlich Talent, doch seine Bücher entstanden auch aufgrund seines Fleißes, seiner Beharrlichkeit. Sein umfangreiches Werk ist der Beweis für den Erfolg seiner Strategie.

Unsere Gesellschaft überschätzt Talent und unterschätzt Beharrlichkeit. Doch wenn Sie genauer hinschauen, sehen Sie: Die Beharrlichen machen ihren Weg, nicht die Talentierten. Die Welt ist voll von Talentierten, die nichts auf die Reihe bringen. Wenn Sie bei Dieter Bohlen hinter die öffentliche Dieter-Fassade schauen, werden Sie wohl einen Mann mit ungewöhnlicher Beharrlichkeit und Ausdauer finden.

Wann waren Sie das letzte Mal auf einem Klassentreffen? Sicher hatten auch Sie in Ihrer Schulzeit einen Überflieger in Ihrer Jahrgangsstufe. Er war der Liebling der Lehrer. Mühelos holte er sich die Bestnoten. In jedem Fach. Er hatte hochfliegende Pläne: Elite-Uni, Auslandsaufenthalt, das ganz große Rad drehen. Doch was ist aus ihm geworden? Heute ist er ein Gescheiterter, ein schlecht bezahlter Jobber bei einer Zeitarbeitsfirma. Er hatte Talent, doch er hat sich auf diesem Wissen ausgeruht. Er hat nichts aus seinem Talent gemacht. Was ihm nicht klar war: Talent ist nicht nur ein vager und unpräziser Begriff, es ist auch kein Garant für Erfolg. Ganz und gar nicht. Um erfolgreich auf seinem Gebiet wirken zu können, braucht es Beständigkeit und Ausdauer. Thomas Edison soll 6000 verschiedene Glühfäden ausprobiert haben, bevor er den richtigen für die Glühlampe gefunden hatte.

Talent allein ist kein Garant für Erfolg.

Das zeigen auch die Untersuchungen des Psychologen K. Anders Ericsson, Professor an der Florida State University. Er verglich bereits Anfang der 1990er-Jahre die Lebensläufe von Studenten der Violine an der Berliner Hochschule der Künste und kam zu einem überraschenden Ergebnis: Die besten Studenten des Jahrgangs hatten schon seit frühester Kindheit regelmäßig mehr Stunden mit Üben verbracht als ihre mittelmäßigen Kommilitonen. Insgesamt teilte er die Studenten in drei Gruppen ein: In der ersten landeten die potenziellen Weltklasse-Solisten, in der zweiten die guten Spieler, die das Zeug zum Orchestermusiker hatten, und in der dritten diejenigen, die wahrscheinlich »nur« Musiklehrer würden.

Allen war im Alter von fünf Jahren ein großes Talent für Violine attestiert worden und sie begannen damit, zwei oder drei Stunden in der Woche zu üben. Im Alter von acht Jahren fingen die Studenten aus der Spitzengruppe aber an, wesentlich intensiver zu üben. Mit 20 Jahren hatten die Besten insgesamt rund 10.000 Stunden geübt. Im Gegensatz dazu kamen die »Orchestermusiker« nur auf 8000 Stunden und die »Musiklehrer« nur auf 4000 Stunden. Nirgends stieß Ericsson auf Naturtalente, die ohne Mühe auf Solistenniveau kamen. Das heißt, auch musikalische Virtuosität ist keine Frage des Talents: Erst Disziplin und Entschlossenheit entscheiden über den Erfolg.

Ganz gleich, ob es sich um einen Komponisten, Basketballspieler, Schriftsteller, Eisläufer oder Pianisten handelt – die magische Zahl der 10.000 Stunden taucht immer wieder auf. Es gibt natürlich auch Menschen, die nichts erreichen, obwohl sie viel üben, und manche erreichen durch Übung mehr als andere. Doch Wunderkinder, denen alles einfach zufällt – die gibt es nicht: Weder Mozart noch die Beatles noch Bill Gates kamen ohne viele Stunden des Übens aus. Malcolm Gladwell beschreibt in seinem Buch *Überflieger* den Werdegang von Bill Gates. Im Alter zwischen 13 und 17 Jahren gab es in seinem Leben ein paar glückliche Zufälle, die es ermöglichten, dass er zu einem Computergenie werden konnte. Er besuchte eine sehr fortschrittliche Privatschule, die bereits 1968 über einen Computer verfügte. Die Schüler durften die Rechner sogar für ihre eigenen Zwecke nutzen, was Gates ausgiebig tat. Über einen Schulfreund kam er in Kontakt mit einem Unternehmen, für das er mit anderen Schülern am Wochenende Software testete. Bill Gates wohnte zudem in der Nähe einer Universität, die ihm erlaubte, zwischen drei und sechs Uhr morgens die Computer zu benutzen – ein Angebot, das er trotz der frühen Uhrzeit gerne annahm. Außerdem wurde Bill Gates von seiner Schule für mehrere Monate freigestellt, um bei einem Unternehmen ein Buchhaltungsprogramm zu entwickeln.

Was haben all die Zufälle gemeinsam? Bill Gates hatte viel Zeit, um zu lernen und zu üben. »Als er sich mit 20 Jahren selbstständig machte, hatte er praktisch sieben Jahre lang ununterbrochen programmiert. Er hatte mehr als 10.000 Stunden Praxis«, rechnet Gladwell vor.

Fällt Ihnen etwas auf? Schon wieder die 10.000 Stunden. Wenn Sie nachrechnen, kommen Sie auf etwa 20 Stunden in der Woche über einen Zeitraum von zehn Jahren. Dies alles gilt natürlich nicht nur für die Weltspitze – an Übung und Wiederholung führt einfach kein Weg vorbei. Und damit kommen wir zurück zum Gewohnheitstier, denn Gewohnheiten sind nichts anderes, als immerzu Wiederholungen durchzuführen. Das ist – im Prinzip – kinderleicht. Und keine Sorge, Sie brauchen nicht jedes Mal 10.000 Stunden.

Die gute Nachricht? Auch Beharrlichkeit ist eine Gewohnheit, die in gewissem Umfang gelernt werden kann. Falls Sie Kinder haben, helfen Sie ihnen, Beharrlichkeit zu lernen. Sie werden es Ihnen später danken.

II Zaumzeug und Sattel für den Arbeitselefanten

Ihr Handwerkszeug für das bewusste Steuern Ihrer Gewohnheiten

4 Ihr persönliches Stoppsystem

»Die letzte Freiheit des Menschen liegt zwischen Reiz und Reaktion.«

Viktor E. Frankl

Seit Wochen läuft im Radio ein Gewinnspiel, das die ganze Stadt in Atem hält: Der beliebte Starmoderator der Morgensendung ruft zufällig ausgewählte Telefonnummern an, und wenn sich der Angerufene nicht mit seinem eigenen, sondern mit dem Namen des Radiosenders meldet, hat er gewonnen. Es ist kein kleiner Gewinn, keine Wochenendreise in die nähere Umgebung oder eine Freikarte für ein lokales Konzert. Es sind unglaubliche 100.000 Euro, die dem Glücklichen überwiesen werden. Wie tausende anderer Hörer träumt auch Miriam Müller (Name geändert) von diesem Preis. Alle Verbindlichkeiten wäre sie auf einen Schlag los und immer noch wäre genug übrig für ein neues Auto, eine lange Reise – kein Wunsch, den sie sich nicht erfüllen könnte. Ihre Gedanken kreisen immer wieder um dieses Gewinnspiel. Von ganzem Herzen wünscht sie sich, einen Anruf, nein, *den* Anruf zu bekommen. Seitdem das Gewinnspiel läuft, meldet sie sich am Telefon mit dem Sendernamen, aber kaum einer ihrer Gesprächspartner wundert sich, denn alle ihre Freunde und Bekannten hoffen das Gleiche.

Und tatsächlich: Eines Morgens richtet Miriam Müller ihren drei kleinen Kindern gerade das Pausenbrot, muss gleichzeitig darauf achten, dass alle auch ihre Schulsachen gepackt haben und den Sportbeutel nicht vergessen. Da klingelt das

Telefon. So früh? Sie erwartet keinen Anruf. Könnte das vielleicht …? Sie hastet quer durch die Wohnung zum Telefon. Atemlos nimmt sie ab und nennt – ihren eigenen Namen! Gleich darauf werden ihr die Knie weich: Sie hat sich gerade um den ersehnten Gewinn gebracht, denn am anderen Ende der Leitung meldet sich feixend der Radiomoderator. Und im gesamten Sendegebiet stöhnen die Hörer auf – da hat jemand die große Chance gehabt und hat es vermasselt.

Wie konnte das nur geschehen? Ganz fest hatte Miriam sich vorgenommen, bei jedem Telefonklingeln den Namen des Senders zu nennen. Doch ihr Gewohnheitstier hat ihr einen Strich durch die Rechnung gemacht. So nützlich es in den meisten Situationen des Alltags auch ist, es ist schwer, das Gewohnheitstier aus seinem gewohnten Trott zu reißen. Immer wieder lässt es uns in gewohnte Bahnen zurückfallen. Auch wenn Miriam sich bereits ein paar Mal mit dem Namen des Senders gemeldet hatte – dieses Verhalten war noch lange nicht zu einer neuen Gewohnheit geworden, sondern musste jedes Mal aktiv erinnert werden. Sie hätte zum Beispiel einen roten Zettel mit dem Text der richtigen Antwort ans Telefon kleben können. So aber war es im entscheidenden Moment schiefgegangen. Ihr Gewohnheitstier hatte wieder das Ruder übernommen – ob sie wollte oder nicht.

Es ist schwer, sein Gewohnheitstier aus dem gewohnten Trott zu reißen.

Gründe für einen Kurswechsel

Sie können sich das menschliche Verhalten als einen durch einen Autopiloten gesteuerten Arbeitselefanten vorstellen, der blitzschnell an die jeweiligen Situationen angepasste Verhaltensmuster abruft. So können wir ohne übermäßigen Energieverbrauch effizient handeln, denn wir müssen über unser Verhalten nicht nachdenken, sondern es nur ablaufen lassen. Dieser Autopilot verwaltet ein tausendfach getestetes und eigentlich Erfolg versprechendes Verhaltensrepertoire – im Grunde ist er eine super Sache.

Manchmal ist es aber notwendig, den Hebel von »Autopilot« auf »Handsteuerung« umzulegen – eigentlich nur ein kleiner Handgriff. Dann handeln wir nicht mehr automatisch und unbewusst, sondern auf einer bewussten Ebene. Leider fällt es uns schwer zu erkennen, wann der rechte Zeitpunkt gekommen ist, diesen Hebel zu bedienen. Während der Pilot eines Flugzeugs über allerlei Warnfunktionen verfügt, die ihn alarmieren, wenn er im Notfall auf Handsteuerung umschalten muss, fehlt uns im Alltag in der Regel ein solches Alarmsystem.

> Manchmal ist es notwendig, von Autopilot auf Handsteuung umzuschalten.

Miriam Müller, deren Geschichte übrigens auf einem realen Fall basiert, den ich einmal im Autoradio mitbekommen habe, hat den Punkt verpasst, an dem sie auf Handsteuerung hätte umschalten müssen.

Während es in ihrem Fall darum ging, eine Gewohnheit nur für kurze Zeit außer Kraft zu setzen, gibt es natürlich auch Gründe für einen langfristigen, dauernden Kurswechsel. Dieser kann einerseits dadurch notwendig werden, dass sich äußere Umstände geändert haben. Wenn Sie zum Beispiel im Beruf erfolglos sind oder wenn Sie zunehmend ein negatives Feedback von Freunden, Familienangehörigen oder Mitarbeitern bekommen, sollten Sie Ihr Verhalten überdenken. Andererseits kann es aber auch sein, dass Sie selbst mit sich unzufrieden sind, weil Sie beispielsweise feststellen, dass sich Ihr Handeln in Konfliktsituationen nicht gerade konstruktiv auswirkt und Sie und andere darunter leiden. Oder Sie wollen sich einfach weiterentwickeln und nehmen sich vor, bewusster zu leben und achtsamer mit sich und Ihren Mitmenschen umzugehen. In allen diesen Fällen möchten Sie sich ändern. Dann müssen Sie sich von den unliebsam gewordenen Gewohnheiten für immer verabschieden.

Erst mal wissen, was man will

Ich möchte Ihnen nun ein sehr persönliches Beispiel geben, wie ich eine mir sehr lästige Gewohnheit überwinden konnte. Ich tanze mit meiner Frau leidenschaftlich gern argentinischen Tango. Doch wir möchten natürlich auch Abwechslung, in Kontakt mit anderen kommen, mal etwas Neues ausprobieren. So wie ich andere Tanzpartnerinnen auffordere, tanzt meine Frau auch mit anderen Männern. Können Sie sich vorstellen, wie es ist, wenn Ihre Frau ganz entrückt in den Armen eines versierten Tangotänzers durch den Saal geführt wird? Mich packte dann jedenfalls die Eifersucht. Nicht, dass ich im Grunde ein eifersüchtiger Mensch bin, aber was zu viel ist, ist zu viel. Oft genug gab in solchen Situationen ein Wort das andere und im Nu war ein Streit entbrannt. Der Abend war verdorben. Auch wenn ich dann spätestens zu Hause eingesehen habe, dass meine Eifersucht albern war, passierte an den folgenden Wochenenden immer wieder dasselbe. Es gab regelmäßig Streit. Und meine Frau wurde langsam wirklich sauer. Auch ich war es leid, immer wieder dieselbe Diskussion vom Zaun zu brechen. Aber ich konnte einfach nicht aus meiner Haut. Auf das Tangotanzen wollten wir beide nicht verzichten. Mir war ganz klar: Es musste sich etwas ändern. Ich musste mich ändern.

Es ist bereits eine große Leistung, die Realität zu akzeptieren, sich der Wahrheit zu stellen. Die Situation klar einzuschätzen und sie nicht schönzureden: »Ein bisschen Eifersucht ist gerade die richtige Würze für eine Partnerschaft« oder

»Was muss meine Frau sich auch mit so einem Knilch abgeben«. Nein, das Problem war ich selbst. Ich musste meine automatischen Reaktionen, meine geistigen Gewohnheiten ändern. Erst als mir das klar war, hatte ich die Voraussetzung geschaffen, meinen Arbeitselefanten zur Räson zu bringen.

Das Handlungsmuster durchbrechen

Seine Eifersucht unter Kontrolle bekommen zu wollen ist eine löbliche Entscheidung. Mit diesem Vorsatz allein ist die lückenlose Abfolge von Reiz (ich sehe meine Frau in den Armen eines anderen) und Reaktion (ich reagiere mit Eifersucht) aber noch lange nicht durchbrochen. Man braucht ein Werkzeug, eine Methode, um beim nächsten Mal den automatischen Ablauf des Verhaltensmusters zu unterbrechen.

Wenn wir automatisch, also ohne nachzudenken, auf ein Geschehen reagieren, so nennt man dies die Erstreaktion. Wenn Ihnen beim Ausräumen der Spülmaschine ein Teller aus der Hand gleitet und Sie ihn noch auffangen können, so haben Sie dies einer Erstreaktion zu verdanken. Würden Sie erst darüber nachdenken, ob Sie ihn überhaupt noch fangen können, wäre er längst auf den Fliesen zerschellt, bevor Sie auch nur »Hoppala« hätten sagen können. Und wie reagieren Sie, wenn Ihr Vordermann auf der Autobahn plötzlich abbremst? Ob Sie nun aggressiv hupen oder besonnen auf die andere Spur wechseln – beides ist eine Erstreaktion. Und Ihre Gewohnheiten bestimmen, wie diese in einer bestimmten Situation aussieht.

Ich kann es gar nicht oft genug betonen: Unsere Gewohnheiten sind als Energiesparer für einen großen Teil unseres Lebens unerlässlich. Doch nicht immer sind sie auch weise.

> **Durchbrechen Sie den automatischen Ablauf von Handlungsmustern.**

Wie das Beispiel meiner Eifersucht beim Tango zeigt, kann es hin und wieder erforderlich sein, ebendiese Erstreaktionen auszuhebeln. Dann müssen wir bewusst handeln, korrigierend eingreifen. Dies ist dann die Zweitreaktion. Sie ist reflektiert und rational, sie spiegelt unseren aktiven Willen wider.

Um von der Erst- zur Zweitreaktion zu kommen, müssen Sie zunächst einmal innehalten und sich ein wenig Zeit verschaffen. Diese Zeitspanne treibt nicht nur einen Keil zwischen Reiz und Reaktion und unterbricht so den automatischen Handlungsfluss, sie erlaubt es Ihnen auch, bewusst über das folgende Verhalten zu entscheiden. Da geht es nicht um Minuten oder gar Stunden, es muss wirklich nur eine kurze Atempause sein.

Steven R. Covey zitiert in seinem Buch *Der 8. Weg* (Offenbach 2006) Viktor E. Frankl mit dem Satz: »Die letzte Freiheit des Menschen liegt zwischen Reiz und Reaktion.« Freiheit kann also auch als die Fähigkeit verstanden werden, sich bewusst aus den Automatismen ausklinken zu können. Erst dann sind Sie nicht mehr der Sklave Ihrer Gewohnheiten, sondern der Meister Ihres Lebens und wirklich frei in Ihren Entscheidungen.

Im Folgenden werde ich Ihnen verschiedene Stopptechniken vorstellen, mit deren Hilfe Sie Ihr Gewohnheitstier stoppen können, bevor es den falschen Weg eingeschlagen hat.

Innehalten durch Distanz / Perspektivenwechsel

Da ist jemand bei Gelb in die Kreuzung gefahren, obwohl klar war, dass er nicht mehr weit genug kommt. Nun blockiert er den gesamten Verkehr. Und alle regen sich auf – als ob sie den Verkehr damit wieder zum Laufen bringen könnten.

Eine der dümmsten Gewohnheiten ist es, sich über Dinge zu ärgern, die man nicht ändern kann. Wer sich über sogenanntes schlechtes Wetter ärgert, der verbessert nicht das Wetter, er verschlechtert seine Stimmung. Ich konnte das früher auch sehr gut, jeder Verkehrsstau, jede Verspätung war schon ein guter Grund, die nächstbeste Palme zu erklimmen. Zur Änderung dieses Verhaltens motivierte mich eine Aussage von Konrad Adenauer: »Wer sich ärgert, büßt für die Sünden anderer Leute.«

Wer sich ärgert, büßt für die Sünden anderer Leute.

In solchen Situationen sage ich nun immer zu mir: »Das ist ja interessant!« Mit diesem kleinen Satz ändere ich schlagartig meine Perspektive – ich verwandle mich von der betroffenen Person in eine beobachtende Person. Und Beobachter regen sich nicht auf, sie schauen sich das Geschehen distanziert an. Dieser Trick hat mir aus mancher unangenehmen Situation herausgeholfen. Besonders bewährt hat er sich während der Pubertät meiner Kinder ...

Verwenden auch Sie ihn in allen Lebenslagen, bei Verspätungen im Zug oder Flugzeug, beim Schlangestehen an Automaten usw. Auch wenn Ihr Chef mal wütend vor Ihnen stehen sollte, sagen Sie den Satz zu sich selbst – aber so, dass er es nicht hören kann. Denn das würde die Gesundheit Ihres Chefs gefährden.

Es gibt eine ganze Reihe weiterer Sätze oder auch Halbsätze und Wörter, mit denen Sie durch Perspektivenwechsel das gerade ablaufende Programm unterbrechen können. Wie wäre es denn zum Beispiel mit

> Moment mal ...
> Aha ...
> Da schau her ...
> Schau an ...
> Langsam, langsam ....

Sie können auch ganz ungewöhnliche Wörter verwenden oder sogar neue erfinden. Wenn ich als Kind sehr aufgeregt war, hat meine Mutter immer gesagt: »Jetzt sag einmal ganz laut ›Heuwägelchen‹« – sie sehen: Ihr Mantra kann also ruhig skurril sein. Hauptsache, es funktioniert. Probieren Sie es einfach! Dass diese Methode nicht immer auf Anhieb Erfolg hat, gehört dazu. Auch hier kann es nur heißen: Geduld haben und üben, üben, üben.

Altkanzler Helmut Schmidt hatte übrigens eine ganz eigene Stopptechnik: Immer wenn ihm in einem Interview eine besonders schwierige oder heikle Frage gestellt wurde, zückte er erst einmal in aller Ruhe seine Schnupftabakdose und gönnte sich eine Prise, bevor er antwortete. Andere putzen in heiklen Situationen ihre Brille, bevor sie reagieren. Oder sie setzen sich erst einmal in ihrem Stuhl aufrecht hin. Wieder andere machen sich Notizen, denn es ist ziemlich schwierig, sich beim Schreiben aufzuregen. Alle diese Stopptechniken verschaffen Ihnen Distanz. Probieren Sie es aus!

Und wie ist es mit meiner Frau und dem Tangotanzen weitergegangen? Ehrlich gesagt, ich habe es einfach nicht geschafft, mit einem »Das ist ja interessant« genügend Distanz aufzubauen. Also habe ich mir einen anderen Satz antrainiert: »Stopp! Nicht hinschauen! Selber tanzen!« Und dann fordere ich eine andere Frau zum Tanzen auf. Tango erfordert Konzentration, so kann ich die Gedanken an meine Frau in den Hintergrund drängen. Und heute macht es mir nichts mehr aus, sie mit einem anderen Mann über das Parkett schweben zu sehen. Na ja, fast nichts mehr.

Innehalten durch Stolpersteine

Auch Stolpersteine, die Sie sich in den ausgetretenen Pfad legen, können Ihre Routine unterbrechen und lassen Sie Zeit zum Innehalten gewinnen. Sie wirken wie ein Alarmsystem, das Sie bei Bedarf aus dem gewohnten Trott reißt und Sie vom intuitiven Machen zum bewussten Planen gelangen lässt.

Sicher verwenden Sie im Alltag bereits Stolpersteine, ohne dass es Ihnen bewusst ist. Ihr Alarmsystem kann ganz verschiedene Formen haben:

- Der Knoten im Taschentuch erinnert daran, dass Sie der Nachbarin zum Geburtstag gratulieren wollten.
- Der gelbe Zettel an der Haustür oder die von innen abgeschlossene Tür verhindern, dass Sie schon wieder den Schlüssel auf dem Küchentisch liegen lassen.
- Die Notiz, die Sie abends auf der Computertastatur zurücklassen, erinnert Sie am nächsten Morgen daran, dass Sie als erstes einen wichtigen Kunden anrufen wollen.
- Die automatische Nachricht Ihres Computerprogramms ermahnt Sie alle zwei Stunden, dass es Zeit ist, eine kurze Pause zu machen.

Durch Übung können Sie den Einsatz solcher Stolpersteine auch zur bewussten Technik machen. Doch aufgepasst: Auch Stolpersteine können zur Gewohnheit werden. Das gebrochene Muster wird schnell wieder zum neuen Muster. Wenn Sie fünf Tage lang morgens den gelben Zettel an der Haustür gesehen und auch tatsächlich den Schlüssel eingesteckt haben, kann es am sechsten Morgen passieren, dass Ihnen das Signal gar nicht mehr auffällt und prompt der Schlüssel auf der Kommode liegen bleibt. Dann ist es an der Zeit, sich ein anderes Stoppzeichen auszudenken.

Stolpersteine reißen Sie aus Ihrem gewohnten Trott.

Haben Sie keine Scheu, wirklich auffällige und bizarre Stolpersteine anzuwenden. Die Hauptsache ist, dass Sie ein Signal setzen, das stark genug ist, Sie innehalten und Distanz gewinnen zu lassen. Hier einige der merkwürdigsten Signaltechniken, von denen mir meine Seminarteilnehmer berichtet haben:

Die Top Ten der merkwürdigsten Stopptechniken

1. Bevor Sie sich aufregen, gehen Sie erst einmal auf die Toilette und waschen sich die Hände.
2. Sie bitten den Partner/die Partnerin, die TV-Fernbedienung im Wohnzimmer zu verstecken.
3. Sie schließen sich grundsätzlich selbst ein, um nicht ohne Schlüssel aus der Wohnung zu gehen.
4. In den Schrank mit den Süßigkeiten hängen Sie ein großes Foto aus schlankeren Tagen.
5. Vor jeder Äußerung von Kritik küssen Sie Ihren Partner/Ihre Partnerin.
6. Sollten Sie ein Auto fahren, bei dem der Bordcomputer Sie alle zwei Stunden auffordert, eine Pause zu machen – dann tun Sie es!
7. Die Kreditkarte steckt in einem Stück Papier, auf dem alle bereits getätigten Kartenumsätze des laufenden Monats notiert sind.
8. Sie nutzen die Erinnerungsfunktion des Handys, um sich selbst Botschaften zu schicken, etwa: »Hast du auch an den Brief an Tante Helga gedacht?«
9. Sie haben Alkohol nie im Haus, sondern müssen ihn bei Bedarf immer erst kaufen.
10. Sie besorgen sich ein echtes Stopp-Verkehrsschild (Zeichen 206 – »Halt! Vorfahrt gewähren«) und stellen es bei Bedarf in Büro oder Wohnung auf. (Bitte nicht an einer Kreuzung abschrauben ...)

Alle diese Vorgehensweisen sind deutliche Stoppsignale, die Ihre Gewohnheiten unterbrechen, Sie im alltäglichen Trott stolpern lassen und zum Anhalten zwingen.

Besonders gut eignen sich visuelle Stolpersteine. Haben Sie sich einmal überlegt, wie viele Abermillionen der kleinen gelben Klebezettel in Deutschland jedes Jahr verkauft und auch verwendet werden? Die meisten Menschen sind »Augenwesen«, optische Reize werden besonders gut wahrgenommen. Denkbar sind aber auch auditive Reize, zum Beispiel Nachrichten, die wir uns über das Handy oder den Computer selbst zukommen lassen und die sich mit einem bestimmten Klang melden.

Sie können auch Ihren Partner, einen guten Freund oder Kollegen bitten, Ihnen in bestimmten Situationen ein Signal zu geben, indem er Sie etwa kurz am Ärmel zupft oder eine vorher abgesprochene Bemerkung macht. Wenn Sie zum Beispiel dazu neigen, immer recht gebeugt dazustehen, könnten Sie mit Ihrem Partner vereinbaren, dass er Sie nur kurz auf die Schulter tippt – als Signal dafür, dass Sie sich daran erinnern, wieder gerade zu stehen.

Ihre ganz persönliche Liste

Nervt es Sie, dass Sie immer wieder vergessen, wo Sie Ihr Auto geparkt haben? Oder kommt es öfter vor, dass Sie Verabredungen vergessen? Überlegen Sie sich, welche Ihrer Verhaltensweisen Sie ändern wollen und welches Stoppsignal Sie sich jeweils setzen könnten. Die folgende Tabelle hilft Ihnen dabei, geeignete Signale zusammenzustellen:

Verhaltensweise	Geeignetes Stoppsignal
1.	
2.	
3.	
4.	
5.	

Die Stopptechnik in Situationen mit großer Dynamik

Wenn Sie den Hausschlüssel wieder einmal in der Wohnung liegen gelassen haben, werden die Folgen zwar ärgerlich sein, aber vermutlich keine existenziellen Ausmaße annehmen. Es ist auch keine wirkliche Herausforderung, einen Zettel an die Haustüre zu kleben, damit man den Schlüssel am nächsten Tag nicht schon wieder vergisst. In solchen alltäglichen Situationen wird es Ihnen also relativ leichtfallen, ein Stoppsignal zu setzen und sich daran zu erinnern, was Sie tun wollten.

Aber es gibt auch emotional belastende Situationen, die plötzlich und mit großer Dynamik über Sie hereinbrechen. Dann sind Sie erregt und haben kaum eine Chance, sich eine geeignete Reaktion zurechtzulegen. Starker Stress erzeugt starke Reaktionen. Und starke Reaktionen fühlen sich zunächst einmal gut an – bis die Ernüchterung kommt.

Sie fahren auf der Autobahn von Stuttgart nach München. Es ist perfektes Reisewetter und Sie kommen gut voran. Doch am Aichelberg führt die Strecke steil bergauf, der Verkehr wird zunehmend dichter. Sie können nicht mehr Ihr Tempo durchziehen, sondern hängen bald mit 110 Stundenkilometern hinter einem Kleinwagen, dem eine schwärzliche Wolke aus dem Auspuff entweicht. Im ersten Moment sind Sie verärgert. Aber schnell sehen Sie ein, dass auch Ihr Vordermann nicht schneller fahren kann, denn alle drei Spuren sind nun dicht befahren. Sie haben keinen Zeitdruck, gelassen stellen Sie Ihre Klimaanlage auf den Umluft-Modus und schieben eine CD mit Ihrer Lieblingsmusik in die Anlage.

Doch dann werden Sie auf das hektische Aufblenden des hinter Ihnen fahrenden Luxusschlittens aufmerksam. Das kalte Blau der Scheinwerfer sticht in Ihre Augen. Aggressiv fährt der Fahrer dicht an Ihre Stoßstange heran, fällt ein wenig zurück, nur um kurze Zeit wieder so nah an Ihrem Heck zu hängen, dass Sie seine Scheinwerfer gar nicht mehr sehen können. Drängelnd macht er ruckartige Links-rechts-Bewegungen. Ihr Adrenalinspiegel steigt, Ihre Finger krampfen sich um das Lenkrad und Ihre Handflächen werden feucht. Sie fühlen sich ausgeliefert, werden selbst aggressiv. Automatisch fahren Sie näher auf Ihren Vordermann auf, viel näher, als für alle Beteiligten gut ist. Warum kann der blöde Kleinwagen nicht auf die rechte Spur wechseln? Und einen Hut hat der Fahrer auch noch auf! Was hat der überhaupt auf der Überholspur zu suchen? Und wozu haben Sie denn Ihr schnelles Auto? Bestimmt nicht, um hinter all den untermotorisierten Kleinwagen herzufahren.

Im Rückspiegel sehen Sie den Fahrer der Limousine wild mit den Händen gestikulieren. Ihr Kinn schiebt sich vor. Am liebsten würden Sie nun etwas zertrümmern.

Erst als der Stau sich nach einigen Kilometern auflöst, können Sie an dem Kleinwagen vorbeiziehen – nicht ohne dem Fahrer noch einen vernichtenden Blick zuzuwerfen. Kurze Zeit später fährt der Drängler von eben aufreizend dicht und mit aufjaulendem Motor an Ihnen vorbei und verschwindet am Horizont. Allmählich löst sich Ihre Spannung, aber bis München finden Sie Ihre gute Laune nicht wieder.

Im Nachhinein wird Ihnen klar: Sie haben ganz falsch reagiert. Sie haben zugelassen, dass ein drittklassiger Fahrer Sie massiv unter Druck gesetzt hat. Sie wurden angegriffen und Sie haben automatisch mit Aggression geantwortet. Doch Sie haben den falschen Gegner gewählt: Das Auto vor Ihnen war ja – ebenso wie Sie – ganz unschuldig an der Situation! Viel besser wäre es gewesen, erst mal tief durchzuatmen. Mit einem »Das ist ja interessant!« hätten Sie Distanz zum Geschehen aufgebaut und sich aus den Automatismen ausklinken können. So hätten Sie die nötige Ruhe wiedergefunden, um den Sicherheitsabstand zum Vordermann strikt einzuhalten und bei nächster Gelegenheit auf die rechte Spur zu wechseln, um aus der Gefahrenzone zu kommen. Das wäre für Sie und alle Beteiligten sicherer gewesen.

Je emotional belastender die Situation, desto blockierter ist die bewusste Steuerung, und desto schwerer wird es Ihnen fallen, Stopp zu sagen. Das hängt damit zusammen, dass solche Situationen eine wesentlich größere Dynamik entfalten und aufgrund der Impulsivität und Emotionalität Automatismen noch schneller ablaufen. Denken Sie an Ihr Gewohnheitstier: In Stresssituationen schaltet es erst recht auf Durchzug. Dann zieht der Elefant nicht mehr gemütlich durch den Urwald, sondern bricht wie ein Berserker durchs Unterholz, während Ihnen Hören und Sehen vergeht und Sie sich mühsam auf seinem Rücken festkrallen müssen, um nicht runterzufallen. Wie, um alles in der Welt, bringt man einen durchgegangenen Elefanten zum Stehen?

Es gibt nur eine Möglichkeit: Wenden Sie die zu Ihnen passenden Stopptechniken möglichst oft im Alltag an. Machen Sie sie zur Gewohnheit. So spüren Sie immer früher, dass Ihr Arbeitselefant nervös wird, losstürmen will. Dann beruhigen Sie ihn und leiten ihn auf den richtigen Weg. Mit diesem Training wird es Ihnen bald gelingen, auch in emotional belastenden Situationen die Ruhe zu finden, erst einmal innezuhalten, den Kopf einzuschalten, die Situation nicht eskalieren zu lassen. Das ist dann wahre Meisterschaft.

5 Wie Sie sich gezielt entspannen

> »Nimm dir Zeit; ein Acker, der ausruhen konnte, liefert eine prächtige Ernte.«
>
> *Ovid*

Beim *Race Across America* gilt es, mit dem Fahrrad einmal quer durch die gesamten USA zu fahren. 4800 Kilometer durch die weiten Ebenen der Great Plains, bei 40 Grad im Schatten durch die Wüste und über die eisigen Höhe der Rocky Mountains. 20 bis 30 Teilnehmer versuchen es jedes Jahr, ungefähr die Hälfte gibt auf. Ständig strampeln, durchhalten, sich möglichst wenig Pausen gönnen – das ist die Devise bei diesem weltweit härtesten Ausdauerwettkampf.

Der 40-jährige Manager Michael Nehls entschied sich für eine andere Strategie: Er machte regelmäßig ausgedehnte Pausen, legte Wert auf ausreichende Regeneration. In den ersten Tagen fiel er weit zurück, doch je länger das Rennen dauerte, umso schwächer wurden die anderen Fahrer. Nehls hingegen konnte sein Tempo halten und holte auf. Nach zehn Tagen, 22 Stunden und 56 Minuten war er am Ziel. 47 Stunden hinter dem Sieger. Aber mit über 70 Stunden mehr Pause zwischendurch. Er war nicht Erster geworden, aber er hat es geschafft – und jeden Tag des Rennens genossen.

Den Elefanten nicht durcharbeiten lassen

Viele Menschen glauben, sie müssten und könnten rund um die Uhr auf hohem Niveau leistungsfähig und einsatzbereit sein. Doch wenn wir Körper und Geist ständig überfordern, dann kommt der Punkt, an dem diese sich ihre Ruhephasen holen – ob Sie wollen oder nicht. Das reicht von einer allgemeinen Gereiztheit in der Freizeit über eine kurze Unaufmerksamkeit während eines wichtigen Meetings bis zum gefährlichen Sekundenschlaf während einer Autofahrt. Abgesehen davon, dass unfreiwillige Entspannungsphasen oft im unpassendsten Moment einsetzen, gibt es noch einen weiteren schwerwiegenden Grund, nicht darauf zu warten, dass sich der Körper selbst holt, was er braucht: Wenn Sie erst an Ihre Grenzen gekommen sind, Sie sich ausgebrannt fühlen (Burnout), wenn die ersten Zeichen für Verschleiß bereits offensichtlich werden, dann dauert es unverhältnismäßig lange, bis Ihre körperlichen und mentalen Kräfte wieder regenerieren können. (Leider ist Burnout kein Fremdwort mehr.) So mancher übertrainierte Leistungssportler musste mit einer Knieverletzung so lange pausieren, dass er den Einstieg gar nicht mehr gefunden hat. Im Extremfall geht die Fähigkeit, sich zu regenerieren, ganz verloren.

Durch Entspannung halten Sie Körper und Geist leistungsfähig.

Sinnvoller ist es, gezielt – also planvoll – zu entspannen. Sich nicht von einem Ruhebedürfnis überwältigen zu lassen, wenn es schon zu spät ist. Lassen Sie also Ihren Arbeitselefanten nicht durcharbeiten, sondern gönnen Sie ihm und damit sich selbst immer wieder eine Rast. Es hat schon seinen Grund, dass Tiere sich nach jeder Anstrengung ausruhen, ob es der Löwe nach der Jagd ist oder der Pfau nach seiner kräftezehrenden Balz. Wir alle brauchen einen Rhythmus im Leben. Wir benötigen Pausen, um Überlastung zu vermeiden, um Energie

tanken zu können und um in der Balance zu bleiben. Alle Spitzenleistungen, ob im Sport, in der Kultur, in der Wissenschaft oder im Management, erfolgen nach dem gleichen Muster: Anspannung – Entspannung – Anspannung – Entspannung ...

Bereits vor Jahrzehnten schickten Trainer ihre Spitzensportler rigoros in den Mittagsschlaf. Das war sicher nicht als Schönheitsschlaf gemeint. Heutzutage mögen die Entspannungsmethoden für Leistungsträger etwas ausgefeilter sein, doch auch heute noch sagt ein Jens Lehmann, dass er ausnahmslos, ganz gleich wo und bei wem er eingeladen ist, spätestens um halb elf nach Hause geht, damit er ausreichend Schlaf bekommt.

Daran gibt es nichts zu rütteln: Um auf Dauer gesund, lebensfroh und leistungsfähig zu bleiben, brauchen Sie die Pausen zwischendurch. Das gilt übrigens nicht nur für körperliche Arbeiten, sondern auch und gerade für Ihr Gehirn. Erwachsene können sich ungefähr 60 Minuten am Stück konzentrieren, nicht länger. Danach denken Sie mit reduzierter Leistungsfähigkeit weiter. Nehmen Sie sich also regelmäßig die Zeit zu regenerieren. Wenn Sie dies beherzigen, profitieren Sie selbst und alle, die mit Ihnen zu tun haben.

Entspannung gegen akuten Stress

Zusätzlich zur allwöchentlichen Teambesprechung am Vormittag wurde kurzfristig für den Nachmittag eine weitere Sitzung angesetzt. Und das, obwohl Sie doch eigentlich wichtige Konstruktionszeichnungen fertigstellen wollten. Für eine Mittagspause haben Sie keine Zeit gefunden, denn die Morgenbesprechung hat eine halbe Stunde länger gedauert als geplant und anschließend mussten Sie noch unaufschiebbare Telefonate führen. Auch der Nachmittagstermin zieht sich hin, denn ein Projekt Ihres Teams läuft aus dem Ruder und Sie haben alle Hände voll damit zu tun, den Schaden zu begrenzen. Als Sie am Abend gegen 19 Uhr endlich wieder in Ihr Büro zurückkehren, um Ihren Mantel zu holen, kommt Ihr Vorgesetzter ohne anzuklopfen hereingeplatzt und fragt nach den Zeichnungen. Sie versuchen ihm klarzumachen, dass Ihnen dafür den ganzen Tag über nicht die geringste Zeit zur Verfügung stand. Ihr Chef ignoriert diese Argumente, wird ausfallend. Lautstark fordert er, dass die Zeichnungen am folgenden Morgen auf seinem Tisch liegen müssen.

Verständlicherweise kocht in Ihnen jetzt die Wut hoch. Sie fühlen sich unter Druck gesetzt und gleichzeitig überfordert, ohnmächtig und machtlos – und natürlich ungerecht behandelt. Sie trauen sich nicht, Ihrem Vorgesetzten zu widersprechen und auch nicht, einfach nach Hause zu gehen. Also rufen Sie daheim an, sagen, dass es später wird. Ihre Frau ist sauer, weil das Essen schon auf dem Tisch steht. Hektisch machen Sie sich an die Arbeit. Erst um zehn Uhr abends verlassen Sie das Büro. Zu Hause reagieren Sie gereizt. Und am nächsten Morgen bekommen Sie vom Chef zu hören, dass Sie in den Zeichnungen schwerwiegende Fehler gemacht haben und noch einmal von vorne anfangen müssen.

Was ist hier passiert? Wieder hat unser Gewohnheitstier in einer akuten Stresssituation die Führung übernommen. Automatisch greift es auf archaische Handlungsmuster aus der Urzeit des Menschen zurück. Und da gibt es nicht allzu viel Auswahl: Flucht (z.B. den Chef stehenlassen und einfach nach Hause gehen) oder Angriff (dem Chef mal gründlich die Meinung sagen). Aber leider sind beide Aktionen nicht besonders konstruktiv. In unserem Beispiel haben Sie sich für eine besondere Art der Flucht entschieden – die Flucht in den Aktionismus. Als Sie aktiv wurden, hat Ihnen das zwar zunächst das Gefühl vermittelt, Sie hätten die Kontrolle zurückgewonnen. Zielführend war es allerdings nicht. In die Zeichnungen haben sich in der Eile Fehler eingeschlichen – kein Wunder nach dem langen Arbeitstag und bei dem Ärger! Und das eigentliche Problem – die ungerechten Forderungen Ihres Vorgesetzten – wurde nur verschoben und nicht gelöst. In diesem Fall bekam Ihre Familie ab, was eigentlich dem Chef zustand: Ihre schlechte Laune. Mit anderen Worten: Ihr Arbeitselefant trompetete, trabte los und richtete ein hübsches Chaos im Porzellanladen an.

Was wäre in dieser Situation die bessere Alternative gewesen? Bereits als das zweite Meeting kurzfristig terminiert wurde, war klar, dass Sie nicht alles schaffen würden. Spätestens zu diesem Zeitpunkt hätten Sie sich erst mal etwas Luft verschaffen, eine Denkpause einlegen müssen. Das hört sich zunächst merkwürdig an – Sie brechen unter der Arbeitslast schier zusammen, und Sie sollen ein Päuschen machen? Genau das! Denn erst aus der Entspannung heraus sind Sie in der Lage, Stopp zu sagen, Abstand und damit auch einen klareren Blick zu gewinnen. Nur so bekommen Sie den Kopf frei, um nach Alternativen zu suchen. Sie hätten zum Beispiel das Routinemeeting am Vormittag ==vertagen== oder den Chef ==rechtzeitig informieren== können, dass Sie unter den gegebenen Bedingungen die Zeichnungen nicht fertigstellen können. Dann wären Sie Herr der Situation geblieben. Da Sie jedoch weiter im Stress blieben, haben Sie die Dinge gar nicht mehr hinterfragt und gehandelt ohne nachzudenken.

Wir brauchen Entspannung also nicht nur, um unsere Energiereserven wieder aufzufüllen und ganz allgemein leistungsfähig zu bleiben, sondern auch, um Stress erfolgreich begegnen zu können. ==Erst in entspannter Haltung sind wir in der Lage==, ruhiger zu reagieren und die

Situation zu überdenken. So erlangen wir die Freiheit, alternative Handlungsweisen zuzulassen. Der Ärger ist dann eben nicht vorprogrammiert.

Volkskrankheit »leichter chronischer Stress«

Mitten in einer sehr stürmischen Novembernacht weckte mich meine im siebten Monat schwangere Frau. Ich war in meinem Leben noch nie so schnell wach, so schnell angezogen, so schnell samt nur mit dem Bademantel bekleideter Frau im Auto und auf der Straße. Wie wir bei sintflutartigem Regen in die 20 Kilometer entfernte Klinik gekommen sind, weiß ich bis heute nicht. Für meine ungeborene Tochter stand es auf Messers Schneide, doch es ging alles so gerade noch gut.

Es kann also durchaus sinnvoll sein, in Gefahrensituationen automatisch und ohne nachzudenken zu reagieren. Akuter Stress mobilisiert in uns ungeahnte Kräfte. Das hat schon unsere Urahnen überleben lassen. Doch heute geht es nicht mehr darum, ein angreifendes Warzenschwein zu überwältigen oder vor einem Säbelzahntiger davonzulaufen. Fight or flight, Kämpfen oder Fliehen, ist in der heutigen Zeit ein viel zu grobes Raster, da braucht es weitaus feinere Abstufungen der Reaktion. Ob Sie auf eine unverschämte E-Mail umgehend verärgert antworten, den Autofahrer, der Ihnen den Parkplatz vor der Nase wegschnappte, sofort wüst beschimpfen oder einen häuslichen Streit mit lautem Türenknallen beenden – die Reaktion, die unser Gewohnheitstier uns vorgibt, kann durchaus auch die falsche sein. Um im heutigen Alltag bestehen zu können, müssen wir in der Lage sein, in kritischen Situationen überlegt zu handeln. Das heißt nichts anderes, als sich nicht mehr jederzeit auf sein Gewohnheitstier zu verlassen, sondern bei Bedarf bewusst aus dem automatisierten Ablauf von Reiz und Reaktion herauszutreten.

Noch einmal zurück zu unserem Urahn. Auf der Suche nach Nahrung bewegt er sich durch den Wald. Da knackt ein Zweig. Schlagartig bleibt er stehen und nimmt eine leicht angespannte Körperhaltung ein. Alle Muskeln sind in Alarmbereitschaft versetzt – so kann er sofort mit Angriff oder Flucht reagieren. Doch die Situation erweist sich als völlig unkritisch – ein Reh tritt aus dem Unterholz und unser Vorfahr kann sich wieder entspannen und weitergehen.

Nun beobachten Sie sich bei der Arbeit. Vielleicht ziehen Sie Ihre Schultern immer etwas hoch und beißen die Zähne ständig zusammen? Neben *fight* (kämpfen) und *flight* (flüchten) ist dies für Psychologen die dritte Antwort auf Stress: *freeze* (einfrieren). Dies bezeichnet eine konstante leichte Anspannung gegenüber einer latent, aber dauerhaft gefühlten Gefahr. Die Spannungen in einer Gruppe – das können die Arbeitskollegen als auch die Familie sein – werden schnell zu Anspannungen im Körper. Die Rechnung präsentiert Ihnen dann Ihr Rücken, Ihr Magen oder Ihr Kopf. Die Krankenkassen stellen mittlerweile fest, dass etwa die Hälfte aller Erkrankungen auf Stresssymptome zurückzuführen sind. Leichter chronischer Stress ist längst zu einer Volkskrankheit geworden. Wie konnte es dazu kommen?

Früher kam der Postbote einmal am Tag und brachte Briefe und Rechnungen. Die Post wurde »erledigt«, und der Rest des Tages stand frei für andere Aufgaben. Heute dagegen sind wir allzeit online. Wir sind einer nicht abreißenden Kette von neuen Eindrücken, einer ständigen Reizüberflutung ausgesetzt. Handy, E-Mail, Zeitung, Radio und Fernsehen sind immer mit dabei – ganz gleich, ob wir gerade am Arbeitsplatz sind oder das Wochenende genießen wollen. Daheim haben viele Menschen sich einen WLAN-Anschluss eingerichtet, um überall – und sei es auf der Toilette – ihren Computer dabeihaben zu können. Und auch im Urlaub wird darauf geachtet, ob das Hotel einen Internet-Anschluss zur Verfügung stellt. Fünf

Prozent aller Deutschen machen ihren Computer erst gar nicht mehr aus. Niemals. Nachts steht er auf dem Nachttisch neben dem Bett und zeigt die eintreffenden E-Mails mit einem Piepen an. Jederzeit und überall plappert es auf uns ein, sticht uns ins Auge, bohrt sich in unser Ohr. Ständig müssen wir kategorisieren, bewerten, reagieren. Und es gibt keine Pause.

Warum tut man sich das an? Gerade im Berufsleben ist der Anspruch allgegenwärtig, buchstäblich ständig unter Strom zu stehen. Erwünscht sind ständige Betriebsamkeit und Aktivität, denn schließlich wird man ja für seine Arbeit bezahlt und nicht fürs Nichtstun. Hierdurch signalisieren wir uns und anderen, wie aktiv und belastbar wir sind. In meinen Seminaren lernte ich Menschen kennen, die es sogar absichtlich vermeiden, Ordnung auf ihrem Schreibtisch zu machen. Sie wollen nicht den Eindruck erwecken, sie hätten nichts zu tun. Weil es so schwer ist, sich gegen diesen gesellschaftlichen Konsens zu stemmen, lassen wir uns mitreißen.

Dieser Dauerbeschuss, diese nicht nachlassende Anspannung führt zu einem nie endenden chronischen Stress. Das ist kein schockartiger Stress mehr, der uns das Blut in den Adern gefrieren lässt und die Muskeln auf Höchstleistung vorbereitet, sondern ein nicht endender Zustand latenter Erregung. Leicht wird die Hektik zur Gewohnheit, bei manchen zeigt sie Züge der Sucht. Dann braucht man den Stress, wird im Büro zum Adrenalinjunkie. Und wie bei jeder Sucht wird die Rechnung auch hier irgendwann präsentiert.

Entschleunigen statt beschleunigen

Rettungswagen rasen mit Martinshorn und halsbrecherischer Geschwindigkeit zum Einsatzort. Doch was passiert am Unfallort selbst? Rettungskräfte stürmen nicht aus dem Wagen, hasten zu dem Verletzten und schreien nach dem Koffer. Ein wirklich guter Notarzt hat seine Arbeitsutensilien bei sich, verschafft sich in Ruhe einen Überblick, befragt die Umstehenden zur Situation. Erst dann fällt er sein Urteil, entscheidet sich, welche Maßnahmen für die bestmögliche Versorgung des Verletzten erforderlich sind. Sein Auftreten ist sicher und bestimmt. Jeder weiß sofort: Dieser Arzt weiß, was er tut.

Menschen, die ihren Beruf beherrschen, zum Beispiel gute Führungskräfte, sind in der Lage, eben nicht in Aktionismus zu verfallen. Sie tun das, was zu tun ist – und zwar qualitativ hochwertig –, und nicht irgendetwas, nur damit sie nicht nichts tun. Sie bremsen nicht nur sich selbst in ihrer Impulsivität, sondern beruhigen auch ihr Umfeld. Sie sorgen für emotionale Stabilität in ganzen Abteilungen und bringen Ruhe in schwierige Situationen. Sie sagen zum Beispiel: »Moment, lasst uns das doch erst einmal genau anschauen …« So lassen sie Stress und Hektik gar nicht erst aufkommen.

Damit Automatismen wie Hyperaktivität, Aktionismus und Flucht- und Angriffsverhalten keine Chance mehr haben, gilt es, die Fähigkeit zu entwickeln, innezuhalten und die natürliche Impulsivität zu stoppen. Entspannen heißt die Devise! Wer nichts tut, ist nicht unbedingt faul. Ganz im Gegenteil: Wenn Sie sich aus den Automatismen lösen können, gelangen Sie vom intuitiven Machen zum bewussten Planen. Erst dann können Sie übrigens auch reflektieren, ob das, was Sie gerade tun, wirklich sinnvoll ist.

In Japan ist es durchaus üblich, mehrere kurze Schlafpausen über den Tag verteilt einzulegen – in Japan heißt der Kurzschlaf *Inemuri*: »anwesend sein und schlafen«. So sieht man oft Japaner in der U-Bahn, in der Sauna, auf einer Parkbank oder in einem Café schlafen. Auch der kurze Büroschlaf, sogar während eines Meetings, ist erlaubt. Denn nichts steigert die Leistungsfähigkeit eines Menschen so gut wie ein kurzer Erholungsschlaf zwischendurch.

Hierzulande hat sich die Erkenntnis, dass ein paar Minuten vermeintliches Nichtstun die Kreativität und Produktivität massiv ankurbeln können, allerdings noch nicht überall durchsetzen können. Als die Kreisverwaltung Vechta dies ihren Mitarbeitern erlaubte, war der Spott groß. »Jetzt muss man die Beamten schon für den Mittagsschlaf wecken!«, hieß es. Nur als »power nap« getarnt hält das Nickerchen nun auch Einzug in öffentliche Bereiche. Das erfolgreiche und weltweit agierende Unternehmen SAP beispielsweise hat mit voller Überzeugung Ruheräume für seine Mitarbeiter eingerichtet. Die Geschäftsleitung betrachtet ihre Mitarbeiter als Hochleistungssportler – und welchen Spitzensportler ließe man acht bis zehn Stunden am Tag ohne Pause trainieren?

Ein paar Minuten vermeintliches Nichtstun steigern Produktivität und Kreativität.

Auch war es bis vor Kurzem noch eine außerordentlich mutige Entscheidung, wenn man sein Handy oder Blackberry am Wochenende einfach ausschaltete. Das konnten sich nur Eigentümer und Manager der höchsten Führungsebene leisten, die fest im Sattel saßen. Vor Kurzem noch undenkbar und als Zeichen von Verantwortungslosigkeit gebrandmarkt, betrachtet man ein solches Verhalten heute als vorbildlichen Umgang mit den eigenen Ressourcen. Der CEO des Weltkonzerns Procter & Gamble, A.G. Lafley, gab Folgendes zu Protokoll: »Ich habe gelernt, wie ich meine Energie manage. Ich war gewohnt, meine Zeit zu managen. Jetzt arbeite ich für eine oder anderthalb Stunden wirklich hart. Dann mache ich eine Pause. Es kann fünf bis fünfzehn Minuten dauern, mich zu erholen. Das ist ungefähr so wie das Intervalltraining, wie Sportler es machen.« Es ist sicher kein Zufall, dass er von einem Coach beraten wird, der zuvor Spitzensportler und Olympiasieger trainierte.

Eines möchte ich noch klarstellen: Es gibt kein Leben in ständig entspanntem Zustand, das wäre auch nicht wünschenswert. Wir brauchen Stress, um leistungsfähig zu sein, aber eben auch nicht immer. Die Kunst im Leben ist es, einen gesunden Rhythmus von Anspannung und Entspannung zu erreichen.

Bremse rein, Zeit gewinnen

In meinen Seminaren frage ich regelmäßig, welche Entspannungstechniken die Teilnehmer bereits anwenden. Erschreckend häufig lautet die Antwort der Befragten, dass sie gar keine derartigen Techniken kennen. Am häufigsten werden Verhaltensweisen wie Kaffee trinken, mit Kollegen reden, im Internet surfen, zum Rauchen nach draußen gehen oder einfach den Platz wechseln genannt. Aber in den meisten Fällen geschieht dies als Reaktion auf bereits eingetretene Müdigkeit und Überlastung. Es ist jedoch sinnvoll, Entspannungsphasen ganz bewusst in Ihren Alltag einzubauen. Geben Sie Ihrem Tagesablauf einen Rhythmus, machen Sie die Pausen zur Gewohnheit. So sorgen Sie dafür, dass Ihr Arbeitselefant leistungsfähig und gut gelaunt bleibt.

Entspannungstechniken

In unzähligen Büchern, CDs und Kursen wird eine unüberschaubare Fülle an Techniken, die eine gezielte Entspannung zum Ziel haben, vermittelt. Doch wenn Sie genauer hinschauen, werden Sie sehen: Fast alle Methoden zur Entspannung gehen auf genau drei Grundformen zurück:

- Bewegung
- Atmen
- Progressive Muskelentspannung

Bewegung: Bewegung führt meist auch zur Entspannung, denn warme Muskeln sind lockerer als kalte. Wenn man sich bewegt, läuft man dem Stress davon.

Atmen: Ruhiges Atmen beruhigt Geist und Körper. Zum Beispiel atmen Sie, wenn Sie zu einem unangenehmen Gespräch gebeten werden, intuitiv vor der Tür ein paar Mal tief durch. Das Schöne an dieser Entspannungstechnik ist: Sie können sie jederzeit anwenden. Versuchen Sie, in Stresssituationen ganz ruhig und bewusst zu atmen, das fällt niemandem auf.

Die Art, wie Sie atmen, zeigt Ihren Stresspegel an: In entspanntem Zustand besteht ein Atemvorgang aus drei Phasen: Einatmen, Ausatmen, Pause – nach dem Ausatmen passiert einen Moment lang nichts. Diese Atempause ist das Zeichen für Gelassenheit. Fehlt die Pause, sind Sie nicht wirklich entspannt. Die Anspannung signalisiert Ihrem Körper, dass er mehr Sauerstoff braucht. Sorgen Sie dafür, dass die Pause wieder da ist.

Zum Atmen gehört übrigens auch das Gähnen. Wenn unsere Katze aufsteht, dann streckt sie sich und gähnt. Nicht weil sie müde ist, sondern weil es entspannt. Öffnen Sie Ihren Mund, so weit es geht, strecken Sie Ihre Hände nach oben und gähnen Sie möglichst laut. So lösen Sie Verspannungen im Kopf-, Hals- und Nackenbereich.

Progressive Muskelentspannung: Unter der ständigen Belastung verkrampft sich unsere Muskulatur. Nicht von ungefähr heißt es: »Ich bin verspannt« – eben nicht entspannt! Oft haben wir bereits das Gefühl dafür verloren, wie sich ganze Muskelgruppen, zum Beispiel Rücken, Schultern oder Kiefer, im

Ruhezustand überhaupt anfühlen. Diese Verspannungen können Sie mit der Progressiven Muskelentspannung lösen. Im Grunde geht es darum, nacheinander bestimmte Muskeln für zehn Sekunden anzuspannen und dann bewusst für zehn bis zwanzig Sekunden zu entspannen. Mit regelmäßigem Training verbessern Sie so Ihre Körperwahrnehmung und können auch stressbedingt verkrampfte Muskeln gezielt entspannen.

Es muss nicht unbedingt die Progressive Muskelentspannung nach Jacobson sein. Auch andere Methoden wie autogenes Training, Qi Gong oder Tai Chi sind sehr gut zur Entspannung geeignet. Besonders ans Herz legen möchte ich Ihnen Yoga, weil es die drei Elemente der Entspannung – Bewegung, Atmung und Meditation/Konzentration – ideal vereinigt. Solche Kurse gibt es heute an fast jeder Volkshochschule – teilweise übernehmen die Krankenkassen sogar die Kosten. Falls Sie eine Technik lieber zu Hause lernen möchten, gibt es im Buchhandel auch entsprechende DVDs, anhand derer Sie üben können. Prüfen Sie einfach, was Ihnen am besten gefällt und am meisten liegt.

6 Was Visualisieren bringt und wie es klappt

»Alles, von dem sich der Mensch eine Vorstellung machen kann, ist machbar.«

Wernher von Braun

Wussten Sie, dass alle Fahrer der Formel 1 vor jedem Rennen mit den Ingenieuren ihres Teams die Rennstrecke noch einmal abgehen? Zu Fuß! Sie sprechen über die ideale Linie, Bremspunkte und Getriebeübersetzungen. Sie bestimmen optische Referenzpunkte, die dem Fahrer später während des Rennens zeigen, wann er hochschalten oder auch abbremsen muss. Danach dreht der Fahrer ein paar Runden auf dem Ring, zum Beispiel auf einem Motorrad, um ein Gefühl für die Kurven zu bekommen. Lange zuvor hat er irgendwo anders bereits Karten der Strecke genauestens studiert. Sogar Simulationsprogramme – ähnlich einer Playstation – werden eingesetzt, sodass er die besonderen Anforderungen der Rennstrecke im Vorfeld intensiv trainieren kann. Ganz gleich, ob der Fahrer schon ein Dutzend Mal dort gefahren ist – dieser Ablauf wiederholt sich jedes Mal, vor jedem Rennen.

Warum betreiben alle diese hochbezahlten Spezialisten diesen enormen Aufwand? Weil es sich lohnt. Die Rennfahrer nutzen die Kraft des Visualisierens. Das heißt nichts anderes, als mit Bildern, konkreten Vorstellungen im Kopf zu arbeiten. Noch bevor sie überhaupt im Rennwagen sitzen, sind sie die Strecke schon ein Dutzend Mal in Gedanken gefahren. Der

Formel-1-Pilot Fernando Alonso antwortete auf die Frage, wie lange es dauere, sich auf einen ganz neuen Kurs – wie die im Jahr 2009 eingeweihte Strecke in Abu Dhabi – einzustellen: »Das dauert nicht lange, denn wir steigen ins Auto und haben den Kurs schon perfekt im Kopf.«

Was das Gehirn geübt hat, fällt leichter

Diese Art der Vorbereitung wird auch in vielen anderen hochspezialisierten Berufen genutzt. Flugkapitäne zum Beispiel trainieren nicht nur im Simulator, sondern auch in Gedanken immer wieder ihr Verhalten bei unvorhergesehenen Vorfällen. Und auch Chirurgen visualisieren schwierige Situationen, die im Verlauf von Operationen auftreten können. Sie sind so in der Lage, in Notsituationen auf eingeübte Abläufe zurückzugreifen.

Gewohnheiten entstehen durch Wiederholungen. Wenn wir bestimmte Tätigkeiten häufig wiederholen, bilden sich im Gehirn neue neuronale Verbindungen. Dies geschieht aber auch, wenn wir uns die entsprechenden Handlungen »nur« vorstellen. Einen Teil der Wiederholungen, die wir zur Festigung einer Gewohnheit benötigen, können wir also im Kopf trainieren. Eine Bewegung immer wieder im Kopf durchzuspielen hat eine ähnliche, wenn auch nicht ganz so starke Wirkung wie die reale Wiederholung. Wenn dieses mental eingeübte Bewegungsmuster dann tatsächlich ausgeführt wird, ist seine Bahn im Gehirn bereits vorbereitet und es kann schneller und sicherer abgerufen werden.

Gewohnheiten können auch im Kopf trainiert werden.

Vielleicht sind Sie noch ungläubig? Gedanken sind das eine und die Tat ist etwas ganz anderes? In meinen Seminaren mache ich mit den Teilnehmern gerne folgende Übung – Sie dürfen sie gerne auch mal ausprobieren: Stellen Sie sich aufrecht hin, die Beine hüftbreit auseinandergestellt. Die Arme strecken Sie in Schulterhöhe zur Seite aus, Ihre Daumen zeigen nach oben. Dann drehen Sie Ihren Oberkörper so weit Sie können, ohne die Stellung der Füße zu verändern – Rechtshänder nach rechts, Linkshänder nach links. Peilen Sie nun über den Daumen den Punkt an, bis zu dem Sie sich drehen konnten. Dann gehen Sie langsam in die Ausgangsposition zurück und lockern sich kurz. Jetzt wiederholen Sie die Übung in Gedanken. Schließen Sie die Augen und stellen Sie sich vor, dass Sie weit über den Punkt des ersten Durchgangs hinauskommen. Ich wette mit Ihnen, wenn Sie im Anschluss die Übung körperlich wiederholen, werden Sie sich ein ganzes Stückchen weiter drehen können. Wenn Sie aufmerksam hinspüren, werden Sie bemerken, dass sich Ihr Körper auch dann ein klein wenig mitbewegt, wenn Sie den Bewegungsablauf nur in Gedanken durchspielen.

    Stellen Sie sich einen Hochspringer vor. Ganz gleich ob es sich um einen Trainingsdurchlauf handelt oder um den entscheidenden Sprung bei den Europameisterschaften: In den wenigen Augenblicken kurz vor dem Start geht er die notwendigen Bewegungen noch einmal in Gedanken durch. In aller Ruhe. Manchmal kann man sogar beobachten, wie er mit geschlossenen Augen langsame Körperbewegungen macht, als wäre er in Zeitlupe bereits unterwegs. Erst nach diesem mentalen Probelauf, in dem er den Bewegungsablauf konzentriert durchgespielt hat, blickt der Sportler wieder auf und läuft wirklich los.

    Mentales Training ist eine der zentralen Techniken in allen Sportarten, um maximale Leistung abzurufen. Kein Leistungssportler arbeitet ohne sie. Im Spitzensport ist es sogar üblich, von einem Mentaltrainer gecoacht zu werden. So werden nicht nur die physische Kraft und der Bewegungsablauf des Sportlers trainiert, sondern auch die positive Einstellung und die Vorstellungskraft. Einige Trainer nennen dies: den mentalen Muskel trainieren. Das Visualisieren ist ein wesentlicher Teil dieses mentalen Trainings. Allein die bildliche Vorstellung eines Sieges verändert bereits die Körperchemie und setzt Ressourcen frei, die Höchstleistungen ermöglichen. So trägt das Visualisieren als *self-fullfilling prophecy* wesentlich zum Erfolg des Sportlers bei.

Visualisierung funktioniert übrigens auch in negativem Sinne, zum Beispiel wenn ein Sportler seinen eigenen Leistungen nicht vertraut oder sogar Angst vor dem Gegner hat. Wenn er sich in Gedanken schon scheitern sieht, dann hat dies eine lähmende Wirkung. Deshalb ist es für ihn so wichtig, nach einem Misserfolg nicht lange darüber nachzudenken, warum etwas schiefgegangen ist, sondern sofort ein positives Bild von dem nächsten Versuch zu entwerfen. Wenn ein Weitspringer zuvor einen Fehler gemacht hat, zum Beispiel übergetreten ist, wird er sich vorstellen, wie er den Balken beim nächsten Mal optimal trifft. Aus diesem Bild zieht er seine Kraft und Motivation.

Auch wir können im Alltag diese Technik einsetzen, um leichter und zuverlässiger zu unseren Zielen zu gelangen, ganz gleich ob es sich um unsere großen Lebensziele oder um kleine, zeitnahe Vorhaben handelt. Für uns alle gilt: Was wir in Gedanken durchspielen, wird uns später in der Realität leichter fallen.

Entspannung plus Ziel

Visualisierung ist ohne vorherige Entspannung nicht denkbar. Um auf Bilder Ihres Gedächtnisses zugreifen zu können, müssen Sie entspannt sein. Das gilt ebenso, wenn Sie sich eine künftige Situation mit all ihren Aspekten vorstellen wollen. Dann müssen Sie in sich hineinhorchen, Gefühle und Motive identifizieren, einen Film im Kopf entstehen und ablaufen lassen. Die Fähigkeit, Bilder zu erzeugen, Intuition und Entspannung sind eng miteinander verknüpft. Nur wenn wir aus der Spannung gehen, können wir alle unsere geistigen Ressourcen nutzen.

Haben Sie sich schon entschieden, wohin es im nächsten Urlaub gehen soll? Können Sie Ihren Partner/Partnerin auf Anhieb davon überzeugen? Wenn nicht, dann setzen Sie sich einmal hin, entspannen sich und malen sich in allen Facetten aus, wie es im Urlaub sein wird. Drehen Sie Ihr Urlaubsvideo im Voraus. Lassen Sie alle Eindrücke auf sich wirken, es wird ein bunter Streifen entstehen. Falls nicht, sollten Sie sich die Sache mit Ihrer Reise noch einmal überlegen. Falls ja, werden Sie merken, wie stark die Vorfreude geworden ist, wie Sie es kaum erwarten können, dass es losgeht. Und mit welcher Überzeugungskraft Sie jetzt für die Reise werben können. Sie können sie in wahrlich leuchtenden Farben ausmalen.

Wann immer Sie sich etwas vornehmen, sollten Sie in einem ersten Schritt Ihr Ziel visualisieren. Ziele sind angestrebte Zustände in der Zukunft. Solche Zustände betreffen uns als ganze Person – mit allen Aspekten unserer Persönlichkeit, unseren Wünschen, Träumen, Emotionen, Erfahrungen usw. Ziele entfalten dann ihre motivierende Kraft, wenn sie zu unserer Persönlichkeit passen und wir sie uns mit allen Sinnen vorstellen können.

Wie viele andere Tangotänzer habe ich im Mai 2010 meine Pilgerreise zu den Ursprüngen dieses Tanzes, nach Buenos Aires gemacht. Da ich kein Spanisch konnte, habe ich beschlossen, für einige wenige Wochen Spanischunterricht zu nehmen. Das ist nicht viel, aber es reicht, wenn man ein klares Ziel hat. Ich habe mir immer Situationen vorgestellt, in denen Spanisch viel hilfreicher ist als Englisch. Das waren die Fahrten mit öffentlichen Verkehrsmitteln, das Einkaufen im Supermarkt und die Gespräche beim Tango. Also habe ich ein kleines Kopfvideo gedreht, wie ich eine Frau auffordere, mich vorstelle, ein wenig über Tango rede und ihr Komplimente mache. Natürlich habe ich mir auch vorgestellt, wie angenehm das alles ist, wie ich mich dabei fühle, wie ihr Lächeln aussieht usw. Das soll genügen, vielleicht liest meine Frau dieses Buch ja auch.

Falls Sie sich schwertun, in Ihrem Kopfkino Bilder, Farbe, Gerüche, Töne zu produzieren, keine Sorge, dass lässt sich lernen. Beginnen Sie damit, Erinnerungen zu aktivieren, Erlebnisse aus der Kindheit mit allen Aspekten zu vergegenwärtigen. So trainieren Sie Ihren Visualisierungsmuskel. Dann fangen Sie an, sich künftige Zustände auszumalen. Das ist keine Tagträumerei, denn es ist immer konkret, realistisch und zielbezogen.

Das Video im Kopf

Das, was die Rennfahrer, Flugkapitäne, Chirurgen, Astronauten und andere tun, das kann jeder tun. Mentales Training heißt, sich den Weg zu einem Ziel so konkret wie möglich vorzustellen und die dafür erforderlichen Schritte in Gedanken immer wieder zu gehen. Das hat mehrere Vorteile. Es fällt weniger schwer anzufangen, man bewegt sich ja auf vertrautem Gebiet. Das Risiko aufzugeben ist geringer und man reagiert in Stresssituationen gelassener.

Mein Tangovideo hat mich sehr motiviert. Aber das reicht natürlich nicht, um auch Spanisch zu sprechen. Also habe ich mir zu allen Situationen, die ich auf Spanisch bewältigen wollte, die entsprechenden Dialoge auf Karten geschrieben. Meist in zwei Varianten: in Variante 1 spreche ich jemanden an, er oder sie reagiert, ich antworte wiederum. Variante 2 spielte die Situation so durch, dass eine andere Person beginnt. Als Grundlage habe ich einfach meine Erfahrungen aus vergleichbaren Situationen in Deutschland genommen. Diese Dialoge habe ich regelmäßig wiederholt, bis ich sie auswendig konnte. Mit zunehmender Sicherheit habe ich dann zu den laut gesprochenen Dialogen die entsprechenden Bilder hinzugefügt, also ein Video mit Ton produziert.

Das kommt Ihnen aufwendig vor? Ich bin überzeugt, einfaches Vokabellernen hätte wenig gebracht, denn in der Kürze der Zeit kommt es darauf an, gezielt zu arbeiten. Und es kommt etwas sehr Wichtiges hinzu: Durch das Video im Kopf habe ich die Dialoge mit angenehmen Gefühlen gelernt. Der Mensch lernt viel leichter, wenn er das zu Lernende mit positiven Emotionen verbindet, dem Ganzen einen Sinn gibt.

Mentales Training besteht aus folgenden Schritten:

1. Die geplante Bewegung, das geplante Handeln im Detail beschreiben und notieren.
2. Das Geschriebene verinnerlichen, indem man es immer wieder durchliest.
3. Im Handlungsverlauf die entscheidenden Stellen herausarbeiten, sogenannte Knotenpunkte festlegen.
4. Falls möglich, diese Knotenpunkte mit Bildern verbinden. Oder sie in einen Rhythmus bringen, dann lassen sie sich leichter merken.

Prof. Hans Eberspächer, ein führender Sportpsychologe, nennt als Beispiel das Training eines Judokas, der einen bestimmten Griff mental trainiert. Die Knotenpunkte waren »fassen«, »drehen« und »strecken«. Die Begriffe waren dem Rhythmus der Bewegung angepasst und konnten vom Judoka während des realen Trainings mitgesprochen werden.

Abbau von Hemmungen und inneren Widerständen

Und noch einen Effekt hat die Technik der Visualisierung: Sie baut Hemmungen ab. Wenn Sie Handlungen, die für Sie ungewohnt oder sogar unangenehm sind, bereits mehrmals im Kopf durchgespielt haben, dann stoßen Sie später in der Realität auf weniger Widerstand.

Stellen Sie sich vor, dass Sie in drei Tagen einen Vortrag halten sollen. Einigen Menschen wird das leichtfallen, anderen kann ihr Publikum gar nicht groß genug sein. Sie aber haben schon jetzt Magenschmerzen, und der Mund wird Ihnen bei der Vorstellung trocken, am Beamer zu stehen und in die erwartungsvollen Gesichter von 25 Zuhörern zu blicken. Sie fürchten, dass Sie keinen geraden Satz herausbekommen werden. Mark Twain kannte das Problem: »Das Gehirn ist eine großartige Sache. Es funktioniert vom Augenblick der Geburt bis zu dem Zeitpunkt, wo du aufstehst, um eine Rede zu halten.«

Mit der Technik des Visualisierens werden Sie Herr der Lage: Halten Sie in den Tagen bis zum Präsentationstermin Ihren Vortrag mehrere Male in Gedanken. Nicht um ihn auswendig zu lernen, sondern um sich mit der Situation vertraut zu machen. Dazu stellen Sie sich möglichst detailreich vor, wie Sie den Raum betreten, in dem die Zuhörer sitzen, wie diese voraussichtlich auf die einzelnen Punkte des Vortrages reagieren werden, welche Reaktionsmöglichkeiten Sie haben und welche Emotionen Sie selbst während des Referats verspüren werden. Stellen Sie sich vor, jemand macht einen kritischen Zwischenruf, stellt eine unerwartete Frage. Wie werden Sie reagieren? Legen Sie sich ein oder zwei Antworten zurecht und spielen Sie immer wieder durch, wie Sie locker reagieren und die Lacher auf Ihrer Seite haben. Sie werden sehen, dieses Probehandeln im Kopf lässt Sie sicherer werden, Ihr innerer Widerstand wird nach und nach abgebaut. Wenn es dann real wird, hat die Situation bereits viel von ihrem Schrecken verloren. Sie machen das dann ja schließlich nicht mehr zum ersten Mal.

Setzen Sie die Technik der Visualisierung bzw. des mentalen Trainings in möglichst vielen Lebensbereichen ein. Diese Technik ist in uns angelegt, sie will aber auch gepflegt und geübt werden. So trainieren Sie eine Meta-Gewohnheit, die Gewohnheit, sich selbst immer wieder durch Visualisierung zu motivieren. Durch diese Denkweise trainieren Sie einen wichtigen mentalen Muskel. Auf diese Weise werden Sie in der Lage sein, auch den auf den ersten Blick negativ erscheinenden Dingen etwas Positives abzugewinnen und nach einem Misserfolg sofort wieder mit Elan weiterzumachen. Falls Sie Kinder haben, trainieren Sie dies mit ihnen. Werden Sie der Mentalcoach Ihrer Kinder.

7 Aufschreiben –

wie Sie schwarz auf weiß die Dinge in den Griff bekommen

»Ohne zu schreiben kann man nicht denken.«

Niklas Luhmann

Was passiert, wenn wir etwas aufschreiben? Zunächst einmal entlastet alles, was wir aufschreiben, unser Gedächtnis. Je älter wir werden, desto wichtiger wird dieses Hilfsmittel für uns, denn schon ab dem 20. Lebensjahr nimmt die Leistung unseres Gedächtnisses deutlich ab. Was schätzen Sie: Wie viele Informationen können wir gleichzeitig in unserem Arbeitsgedächtnis speichern? Es sind fünf bis neun. Das ist nicht sehr viel, wenn man bedenkt, wie viele Informationen jederzeit auf uns einprasseln. Vieles müssen wir im Kurzzeitgedächtnis einlagern. Das funktioniert nicht immer so gut, wie wir es gerne hätten.

Aufschreiben können wir jedoch nahezu unbegrenzt. Was wir schriftlich festgehalten haben, müssen wir nicht weiter mühsam im Gedächtnis behalten. Dies bedeutet für unser Gedächtnis eine unglaubliche Entlastung. Interessanterweise bleibt gerade das, was wir aufgeschrieben haben, gut in unserem Gedächtnis haften. Haben Sie früher in der Schule Spickzettel geschrieben? Wenn man ihn erst einmal mühsam zusammengestellt hatte, dann brauchte man ihn meist nicht mehr. Oder denken Sie nur an Ihre Einkaufsliste: Wenn Sie sich alles genau notiert haben, ist es nicht so schlimm, wenn Sie den Zettel zu Hause vergessen haben – Sie werden sich im Laden auch ohne ihn an (fast) alles erinnern.

Mit Aufmerksamkeit und Konzentration zum Realismus

Das Schreiben ist auch eine besonders wirkungsvolle und zugleich verblüffend simple Methode, uns in eine konzentrierte und bewusste Denkhaltung zu zwingen. Die Folge: Wir fokussieren uns auf das Wesentliche. Schreibend können wir das Tohuwabohu um uns herum strukturieren und zugänglich machen und sehen uns nicht mehr hilflos einem diffusen Informationsstrom ausgesetzt. So klinken wir uns aus Situationen mit zu viel Dynamik, zu hohem Tempo und zu viel Impulsivität heraus und gelangen automatisch auf eine rationalere Ebene. Wenn wir schreiben, hält der Realismus Einzug. Schreiben bringt »es« an den Tag, gnadenlos und zuweilen brutal.

Schreiben und rationales Denken sind eng miteinander verknüpft.

Denken Sie nur an die zahllosen Besprechungen, die Sie in Ihrem beruflichen Alltag erleben: Sicher haben Sie die Erfahrung gemacht, dass, wenn Sie mit einem Block in die Besprechung gehen und sich Notizen machen, Sie wesentlich wacher und aufmerksamer bleiben und Informationen besser behalten und verwerten können. Auch wenn in einer Besprechung die Ideen nur so fließen, ist es sinnvoll, die geballte Inspiration zum Beispiel auf einem Flipchart schriftlich zu fixieren – dadurch gelangt man vom Aktionismus zur Planung, von der Impulsivität zu einer konzentrierten Form der geistigen Betätigung. Und dieser Übergang zum schriftlichen

Festhalten ist eine gute Stopptechnik. Allein mit dem Satz »Moment mal, das will ich mir aufschreiben« können Sie eine Situation dramatisch verändern. Sie stoppen das Chaos und zwingen alle Beteiligten zu einer ruhigeren Gangart.

Wer schreibt, der bleibt

Durch das Schreiben sichern wir auch Informationen. Wie leicht geht etwas in den Windungen unseres Gehirns verloren! Kaum jemand kann sich alle Geburtstage und Hochzeitstage in seiner Familie und in seinem Bekanntenkreis merken. Dazu kommen noch Telefonnummern, Adressen etc. In einem kleinen Adressbüchlein sind alle diese Aufgaben sicher vermerkt.

Was wir aufgeschrieben haben, haben wir buchstäblich fixiert und können es – solange wir das Geschriebene selbst nicht verlegen – bei Bedarf hervorholen, anschauen und bewerten. Auf diese Weise erhöhen wir die Sicherheit des Zugriffs enorm. Nicht ohne Grund heißt es »Was du schwarz auf weiß besitzt, das kannst du getrost nach Hause tragen«. Wenn wir schreiben, merken wir uns etwas gewissermaßen außerhalb unseres Kopfes.

Ist es Ihnen auch so unangenehm, einige Tage aus beruflichen Gründen zu verreisen? Meist liegt es daran, dass vor der Reise das Packen steht. Irgendwas wird immer vergessen und dann müssen Sie in einer fremden Stadt nach einer Lösung suchen. Für Abhilfe sorgt eine Checkliste – wenn Sie eine solche vorbereiten, werden Sie das Ladekabel für Ihr Handy nicht mehr vergessen. Diese Liste muss dem Anlass angepasst sein: Wie lange werden Sie unterwegs sein, für welche Situationen müssen Sie gerüstet sein? Gibt es Termine, bei denen Abendgarderobe angebracht ist? Bereiten Sie diese Liste rechtzeitig vor, dann können Sie sie tagelang liegenlassen, daran arbeiten, herausstreichen, ergänzen. Wenn Sie lang genug mit solchen

Listen gearbeitet haben, dann wird der Tag kommen, an dem Sie sie nicht mehr brauchen. Das Packen ist dann endlich zur Gewohnheit geworden. Und das Ladekabel wird immer mit dabei sein.

Probleme wegschreiben

Nahezu alle Teilnehmer meiner Seminare klagen darüber, dass sie ständig bei ihrer Arbeit unterbrochen werden. Aber Aussagen wie »Ich werde ständig unterbrochen, ich kann mich nicht konzentrieren, ich komme zu nichts« liefern wenig Greifbares. Das Problem ist ein gefühltes Problem – und die sind nicht lösbar. Zuerst müssen Fakten auf den Tisch.

Die Lösung für ein solches Problem ist ganz einfach, wenn auch nicht ohne gewisse Mühe zu erreichen: Notieren Sie einen Tag lang alle Unterbrechungen auf einem Zettel: Worum es ging, wer es war, auf welchem Weg (Anruf, E-Mail, persönliches Erscheinen usw.) und wie lange die Störung jeweils dauerte. Abends schauen Sie auf ihre Liste. Nun können Sie das Problem konkret benennen. Schreiben konfrontiert uns mit der Realität und zeigt sehr deutlich, wo die Probleme liegen. Es hilft auch bei der Lösung.

Oft werden Sie erkennen können, dass Ihr gefühltes Problem sich in Luft auflöst. Schriftlich festgehalten lösen sich scheinbar unerträgliche Hemmnisse und Ungerechtigkeiten schnell in nichts auf. Vielleicht ist die Anzahl der Unterbrechungen bei weitem nicht so groß, wie Sie gefühlt haben. Oder die vermeintlichen Unterbrechungen sind gar keine, es waren alles Dinge, die zu Ihrem Aufgabenbereich gehören und für die Sie bezahlt werden. Um es einmal auf die Spitze zu treiben: in einem Callcenter braucht man keine Unterbrechungsliste zu führen!

Möglicherweise stellen Sie auch fest, dass wirklich ein einzelner Kollege der Zeitdieb ist. Dann ist klar, was zu tun ist. Wenn Sie mit ihm reden, können Sie auf der Basis von Tatsachen argumentieren und ihm im Zweifelsfall Ihre Liste zeigen. Das stärkt Ihnen den Rücken, macht Sie sicherer. Und falls die Unterbrechungen daraus resultieren, dass ständig gleichartige Informationen gefragt werden, dann findet sich auch schnell eine Lösung, diese auf anderem Wege zur Verfügung zu stellen.

Die Vorgehensweise, alles aufzuschreiben, was einen unglücklich macht, kann man auch umdrehen:

➤ In Teamentwicklungs-Workshops oder Coachings erziele ich immer einen Überraschungseffekt, wenn ich die Teilnehmer auffordere aufzuschreiben, was alles gut läuft. Meist zögern sie dann, tun sich mit den ersten Schritten schwer – und dann sprudelt es heraus. Schreiben hilft auch zu erkennen, wie positiv die Realität ist, dass viel mehr gut als schlecht läuft.

➤ Wenn meine Kunden unzufrieden sind mit sich oder ihrem Leben, dann rate ich ihnen: »Schreiben Sie mir daheim bitte fünf gute Gründe auf, Ihr Verhalten nicht zu ändern«. Auch diese einfache Übung hat meist durchschlagenden Erfolg. Oft genug finden die Leute fünf gute Gründe, sich nicht zu ändern, dann gibt es aber auch kein wirkliches Problem. In dem Fall müssen wir mit dem Coaching erst gar nicht anfangen. Oder sie finden eben keine Gründe dafür, sich nicht zu ändern, dann ist ihr jetziges Verhalten grundlos und nicht in der Realität verankert. Mit diesem Ergebnis vor Augen ist direkt die Motivation gegeben, entsprechende Änderungen vorzunehmen.

Der italienische Psychiater Giovanni Fava verordnet seinen Patienten im Rahmen der von ihm entwickelten »Wohlbefindenstherapie« das Führen eines Tagebuchs des Glücks. Vielleicht schreiben Sie einmal eine Zeit lang jeden Abend auf, was an Ihrem Tag positiv war, worüber Sie sich gefreut haben, welche Menschen nett zu Ihnen waren, was Sie erreicht haben, welche schönen Dinge Sie gesehen oder erlebt haben, ganz einfach, warum Ihr Leben auch an diesem Tag schön war. Sie haben es dann schriftlich, dass es Ihnen gut geht. Auf diesem Weg wird eine sehr angenehme Form des Realismus erzeugt. So machen Sie sich den Blick auf die positiven Seiten des Daseins zur Gewohnheit und steigern mit der Zeit Ihre Fähigkeit, das Leben zu genießen.

Wissen Sie, warum externe Berater und Trainer oft so erfolgreich sind? Sie sammeln Informationen und schreiben sie auf. Sie sind unbeeinflusst von Firmentraditionen, kennen kein »So haben wir das immer gemacht«. Sie gewinnen einen Überblick über die Realität, frei von Emotionen. Dabei stellt sich immer wieder heraus, dass die wenigsten Prozesse optimal ablaufen. Wenn sie erst einmal schriftlich fixiert und die Schwachstellen deutlich sichtbar sind, werden sie deshalb meist auch geändert. In der Firma eines meiner Seminarteilnehmer wurde überprüft, welche Stationen jede Rechnung durchlief, bis sie endlich als erledigt abgeheftet wurde. Es stellte sich heraus, dass zum Beispiel eine Reisekostenabrechnung durch sehr viele Hände ging, teilweise mehr als einmal durch dieselben. Jahrelang wurde dieser Prozess so ausgeführt, niemand kam jemals auf die Idee, die Prozedur zu hinterfragen. Als die Verantwortlichen die Übersicht zu sehen bekamen, war ihnen sofort klar, dass der Prozess zu vereinfachen ist. Dieses Beispiel zeigt: Einmal zu Papier gebracht, entfalten Informationen sofort ihre Wirkung. Wenn etwas sichtbar geschrieben steht, kann es nicht mehr verdrängt werden und die Lösung sticht dem Betrachter oft geradezu ins Auge.

Distanz und Kontrolle

Es macht einen großen Unterschied, ob man einen Kopf voller Aufgaben oder eine Liste mit Aufgaben hat bzw. einen Kopf voller Sorgen oder eine Liste mit Herausforderungen. Auf eine Liste kann man draufschauen, sie verändern, anderen zeigen, zur Seite legen, sie wieder hervorholen usw. – man hat sie im wahrsten Sinne des Wortes im Griff.

Wenn Sie also mal wieder viel zu viel zu tun haben, schreiben Sie doch erst einmal alles auf. Dann können Sie auf die Aufgaben im wahrsten Sinne des Wortes herabsehen, Sie können sie sortieren, priorisieren, an andere weitergeben oder – sehr empfehlenswert – streichen. Sie sind Herr über die Aufgabenlisten, die Aufgaben sind nicht Herr über Sie.

Helfen Sie auch anderen. Wenn Ihr Mann sich beschwert, dass er zu viel im Haushalt helfen soll, machen Sie ihm eine Liste. Dann ist das alles gar nicht mehr so schrecklich und er kann jede erledigte Aufgabe abhaken. So verschafft er sich Erfolgserlebnisse. Darüber hinaus, und das müssen Sie ihm nicht verraten, diszipliniert so eine Liste ja auch. Wenn dort eine Aufgabe notiert ist und man erledigt sie nicht, dann steht da ja auch, dass man es nicht gemacht hat. Keine Diskussion, keine Ausflüchte mehr.

Noch besser ist natürlich, Sie erstellen eine gemeinsame Liste aller zu erledigenden Aufgaben in der Wohnung. Dann sieht jeder, was der andere macht, was er erledigt hat und was man selbst noch macht. Transparenz kann sehr motivierend und konfliktreduzierend sein.

Schreiben als Feuerprobe

In einem Ingenieurbüro sitzen die Teammitglieder am Besprechungstisch. Die Abläufe an einer Montagestraße sollen überdacht und optimiert werden. Am Anfang läuft es noch schleppend, die Anregungen tröpfeln spärlich. Doch die Stimmung wird immer kreativer, Ihre Kollegen überbieten sich in genialen Gedanken. »Dann könnte man noch ...«, »Dann brauchen wir nur noch ...«. Ein solches Brainstorming geschieht immer ohne Stift und Papier – das ist ja auch sinnvoll, denn die Gedanken sollen ungehindert fließen können. Alle fühlen sich wohl, sind glücklich, an diesem kreativen Prozess teilzunehmen.

Doch dann kommt der Punkt, an dem die Vorschläge an den Anforderungen der Realität gemessen werden müssen. Sie holen Ihr Notizbuch heraus und versuchen, die zahlreichen Ideen zu Papier zu bringen. Dabei bemerken Sie überrascht, dass es ausgesprochen schwierig ist, all die Geistesblitze in eine Schriftform zu bringen. In dem Moment, in dem Sie die Ideen fassen wollen, aufschreiben wollen, verflüchtigt sich der Gedanke. Es ist unmöglich, das Gesagte auf den Punkt zu bringen. All die Vorschläge hörten sich so gut an, doch sie alle haben die Feuerprobe nicht bestanden. Der Zauber des Augenblicks ist vergangen. Indem Sie das Notizbuch gezückt haben, haben Sie eine Stopptaste gedrückt. Sie haben sich und Ihre Mitarbeiter in eine konzentrierte, bewusste Denkhaltung gezwungen.

So angenehm der Kreativitätsrausch auch war – es kommt immer der Punkt, an dem wir aus dem Impulsiven heraustreten müssen. Erst dann erweist sich, ob all die Luftschlösser sich auch verwirklichen lassen, ob sie der Realitätsprüfung standhalten. Vielleicht stehen Sie nun als Miesmacher da, doch Sie haben die Mannschaft davor bewahrt, mehr Zeit mit der Beschäftigung mit diesen Ideen zu vergeuden, bevor allen klar wird, dass sie einfach nicht zu verwirklichen sind.

Menschen, die im kreativen Bereich tätig sind, kennen das Phänomen: beim Spaziergang oder unter der Dusche kommen einem die besten Ideen. Dass diese dann in der Realität nicht taugen, gibt es immer wieder. Wenn ich am Schreibtisch Alltagsarbeiten erledigen muss, bin ich manchmal nicht sehr konzentriert. Dann wandern meine Gedanken und oft fallen mir ganz andere Dinge ein. Pläne und Ideen, die mir in dem Augenblick großartig erscheinen und die ich später unbedingt weiterverfolgen will, schreibe ich mir dann schnell in Stichworten auf, um sie nicht zu vergessen. Doch wenn ich mir diese Zettel einige Stunden später anschaue, merke ich sofort, dass es sich um Tagträumereien handelt, die sich nicht umsetzen lassen. Oft habe ich die Gedanken sogar zuvor schon mehrfach gehabt und sie stets wieder verworfen – aus gutem Grund.

Von vielen berühmten Menschen sind ähnliche Anekdoten überliefert. Der Komponist Johannes Brahms wachte oft in der Nacht auf und schrieb dann Noten nieder, die ihm im Schlaf eingefallen waren. Am nächsten Morgen schaute er sie sich an und war regelmäßig enttäuscht: Was sich im Traum so wunderbar angehört hatte, erwies sich am nächsten Morgen als höchstens mittelmäßig. Auch der Regisseur Billy Wilder hatte Papier und Stift neben seinem Bett immer griffbereit. Oft erzählte er, wie er eines Nachts wie elektrisiert aufwachte und hektisch zum Schreibzeug griff. Er hatte im Traum eine großartige, nie dagewesene, einmalige Eröffnungsszene vor Augen gehabt. Rasch notierte er sie und schlief dann beruhigt wieder ein. Als er am nächsten Morgen erwachte, stürzte er sich sofort auf den Zettel und las »boy meets girl« – junger Mann trifft junges Mädchen. So ist so manche große Idee sang- und klanglos wieder in der Versenkung verschwunden.

Aufschreiben hilft Ihnen auch dabei, Probleme realistisch einzuschätzen. Wenn Sie zum Beispiel vor drei Monaten vor einem schier unüberwindlichen Problem standen, wie sieht es heute damit aus? Vermutlich steht es schon lange nicht mehr als Nummer 1 auf Ihrer Agenda, vielleicht hat sich die Angelegenheit als gar nicht so katastrophal herausgestellt oder sie hat sich sogar von ganz allein erledigt. Indem Sie Probleme aufschreiben und ihre zeitliche Entwicklung verfolgen, bauen Sie Distanz zu ihnen auf. Die Schwierigkeiten haben Sie nicht mehr im Würgegriff, sondern sie werden kontrollierbar. Diese Punkte vor sich auf dem Papier stehen zu sehen, schafft nicht nur Klarheit, sondern auch Motivation.

Moderne Zeiten

Heute gibt es ganze Heerscharen von Trainern, die das Zeitmanagement ihrer Kunden coachen. Ich gehöre dazu und die Geschäfte gehen gut. Selbst in der großen Wirtschaftskrise wurde dieses Thema weiter nachgefragt. Das ist gut für mein Konto, aber leider auch Ausdruck eines offensichtlich gravierenden Problems. Millionenfach verkaufte Ratgeber beschäftigen sich ebenfalls ausgiebig mit diesem Thema. Warum gibt es ein solch gewaltiges Bedürfnis, seine Zeiteinteilung zu optimieren? Es ist ganz offensichtlich: Die multiplen Anforderungen des Alltags setzen uns zu. Die Berufsbilder und Arbeitsabläufe sind vielgestaltiger und komplizierter geworden. Zum Beispiel gibt es den typischen Kfz-Mechaniker, der Ölwannen schweißte und Zündkerzen wechselte, heute kaum noch. Aus dem Handwerker, dem man den einstigen Dorfschmied noch ansehen konnte, ist heute ein Mechatroniker geworden. Wie ein Ingenieur steht er an elektronischen Prüfinstrumenten und computergesteuerten Mess- und Diagnosegeräten.

Auch in den meisten anderen Berufen hat eine dramatische Entwicklung stattgefunden. Ob es sich um Sekretärinnen, Heizungsbauer oder Produktmanager handelt – alles ist komplizierter, vielfältiger geworden, die Entscheidungsspielräume werden immer größer, jeder soll multitaskingfähig sein und immer mehr in der verfügbaren Zeit schaffen. Nur die wenigsten Menschen arbeiten heute noch mehrere Wochen lang an ein und derselben Aufgabe. Auch die Möglichkeiten, sein Privatleben zu gestalten, sind vielfältiger geworden, die Angebote nicht mehr überschaubar. Selbstorganisation und Zeitmanagement ist privat wie beruflich eine der großen Herausforderungen unserer Zeit.

Zeitmanagement heißt im Wesentlichen, sich Klarheit über seine Ziele und Aufgaben zu verschaffen, immer die Übersicht über Aufgaben, Termine und Informationen zu haben, sinnvolle Prioritäten zu setzen und mit guter Planung die Grundlage dafür zu schaffen, jeden Tag Ergebnisse zu produzieren. Schaut man sich die empfohlenen Methoden und Techniken einmal genauer an, dann beruhen sie zum großen Teil auf dem Aufschreiben. Das sorgt für Realismus, Problembewältigung, Distanz und Kontrolle. Papier und Bleistift oder Bildschirm und Tastatur sind die Werkzeuge des Geistes.

In meinen Seminaren lasse ich die Teilnehmer gruppenweise eine Reihe von Aufgaben priorisieren. Das läuft erst dann zügig und konfliktfrei, wenn die Teilnehmer die Aufgaben für alle sichtbar aufschreiben und anschließend der Reihe nach priorisieren, also Schritt für Schritt arbeiten. Das heißt: erst mal aufschreiben, dann anschauen, dann entscheiden – und Action!

Schreiben fördert die Konzentration, den Fokus, es aktiviert also das analytische Denken, das Planen. Wenn Ihnen also Zeitmanagementtechniken schwerfallen, dann hilft es schon, einfach mal mit dem Schreiben anzufangen. Der Rest kommt von selbst. So können Sie auch anderen helfen. Wenn Sie um Unterstützung gebeten werden, antworten Sie doch ganz einfach: »Schreib mal auf, was alles anliegt, dann können wir darüber reden.« Vielleicht kommt der andere gar nicht wieder.

8 Wie Sie lernen, sich selbst gut zuzureden

»Wenn ich denke, dann unterhalten sich zwei.«
Platon

In den letzten drei Monaten hatten Sie endlich die Gelegenheit, an einer sehr wichtigen, aber auch sehr anstrengenden Fortbildung teilzunehmen. In dieser Zeit konnten Sie Ihr Know-how nicht nur festigen, sondern auch um ein gutes Stück erweitern. Sie sehen plötzlich ganz neue Perspektiven in Ihrem Beruf und freuen sich bereits auf den erwarteten Karrieresprung nach bestandener Abschlussprüfung. Hoch motiviert und selbstsicher nehmen Sie am letzten Kurstag den Fragebogen mit den Prüfungsaufgaben entgegen. Doch dann haben Sie ein Blackout.

Mit einem Schlag können Sie sich an nichts mehr erinnern, die Zusammenhänge entziehen sich Ihrem Denken, ratlos sitzen Sie vor dem Fragebogen. Erst kurz vor Schluss finden Sie wieder zu sich, doch es ist zu spät, über die Hälfte der Fragen haben Sie gar nicht mehr beantworten können. Sie sind am Boden zerstört. Wie in einem bösen Traum packen Sie Ihre Sachen zusammen und verlassen das Schulungsgebäude. Jetzt brauchen Sie erst mal Beistand. Sie fahren zu Ihrem besten Freund.

Niedergeschlagen und völlig entmutigt sitzen Sie wie ein Häufchen Elend bei ihm im Wohnzimmer. Sie gestehen ihm, dass Sie Angst haben, auch die Nachprüfung zu versieben. Was sagt nun Ihr Freund, wie reagiert er? Er schaut Sie kopfschüttelnd an und sagt: »Das war doch klar, dass das nichts wird. Wie konntest du jemals glauben, dass du das schaffst?

Ich hätte dich nicht für so unrealistisch gehalten. Du weißt doch, was du für ein Versager bist. Das konnte doch gar nicht gut gehen. Ich habe mich schon gewundert, dass du überhaupt so lange durchgehalten hast. Ich an deiner Stelle würde zu der Nachprüfung erst gar nicht hingehen. Das kannst du dir schenken. Erspar dir die zweite Niederlage.«

Da stimmt doch was nicht! Das ist doch niemals Ihr bester Freund, der so zu Ihnen spricht! Solche Freunde kann niemand brauchen. Selbst Ihr größter Feind hätte wohl Hemmungen, Sie so niederzumachen, wenn Sie bereits am Boden liegen. Und doch haben viele Menschen jemanden, der so mit ihnen spricht und der ihnen doch sehr nahesteht – sich selbst!

Kopfgespräche

Reden Sie manchmal mit sich selber? Nein? Sie sind der Meinung, das machen nur die merkwürdigen Gestalten, die einem mitunter brummelnd auf der Straße entgegenkommen? Sie werden sich wundern! Auch wenn es Ihnen bis jetzt vielleicht noch nicht aufgefallen ist, Sie befinden sich in einem dauernden Dialog mit sich selber – Sie können gar nicht anders. Denn wie bei jedem Menschen ist Ihr bewusstes Denken sprachgebunden. In einem nicht endenden Selbstgespräch kommentieren, bewerten, erzählen Sie sich unentwegt das, was Sie bewusst tun, erleben und wünschen. Nur Ihre Gewohnheiten, Ihre unbewussten Handlungen, werden nicht mit Kommentaren belegt; das ist ja gerade das Schöne an ihnen. Wie gut, dass Sie beim Schuhezubinden nicht auch noch denken müssen: »So, jetzt kommt dieses Ende durch jene Schlaufe ...«!

Was in Ihrem Kopf vorgeht, können Sie jederzeit auch anderen erzählen, dazu ist keine Übersetzung notwendig. Mit anderen Worten: Es ist für Sie ganz einfach, Ihr Denken zu verbalisieren, denn Sie denken sowieso in Worten – mehrere

Wir stehen in dauerndem Dialog mit uns selbst. Hundert Wörter in der Minute! Selbstgespräche führen also nicht nur Schizophrene, wir alle stehen in ständigem Kontakt mit uns selbst.

Sie müssen dabei gar nicht laut reden – auch wenn das manchmal vorkommt. Dies gilt übrigens insbesondere für extrovertiert veranlagte Menschen. Sie leben nach dem Grundsatz »Wie soll ich wissen, was ich denke, bevor ich höre, was ich sage?«. Sie können kaum denken, ohne zu reden – ob mit oder ohne Gesprächspartner. Den Introvertierten dagegen ist ihre eigene Gesellschaft oft genug. Sie machen das meiste mit sich selber aus.

Schluss mit dem negativen Denken

Achten Sie einmal darauf, wie Sie mit sich reden. Sind Sie Ihr eigener Freund, können Sie sich selbst motivieren, loben und über Misserfolge hinweghelfen? Oder stehen Sie sich so wie im oben genannten Beispiel selbst im Weg, neigen zu Selbstvorwürfen und machen sich bei jeder Gelegenheit nieder? Diese Frage für uns zu beantworten ist sehr wichtig, denn unser Denken beeinflusst massiv unser Verhalten und damit unser Leben. Wir fühlen, was wir denken. Und wir denken, was wir sagen. Also sollten wir etwas sagen, was uns dabei hilft, uns gut zu fühlen.

Es ist offensichtlich, dass destruktive Selbstgespräche uns nicht weiterbringen. Sie demotivieren uns und lassen uns schnell aufgeben. Positive Selbstgespräche dagegen motivieren uns. Die gute Nachricht: Die Art und Weise, wie wir Selbstgespräche führen, ist beeinflussbar. Positives Denken können Sie erlernen. Denn unser Gehirn besitzt die faszinierende Fähigkeit, sich selbst beim Denken zuzuschauen. So sind wir in der

Lage, uns unsere Denkprozesse bewusst zu machen und auch zu beeinflussen. Falls Sie also feststellen sollten, dass Sie zu negativen inneren Dialogen neigen, dann können Sie das ändern!

Für jemanden, der bislang vorwiegend negativ mit sich spricht, ist es vielleicht schwer vorstellbar, wie denn so ein positives Selbstgespräch aussehen könnte. Stellen Sie sich dazu einfach vor, Sie würden mit sich selbst so reden wie mit einem guten Freund oder Kollegen, der das gleiche Problem hat, mit dem Sie sich gerade selbst herumschlagen. Ein positives Selbstgespräch ist eigentlich nichts anderes als ein Coach, der Sie jederzeit begleitet und Sie motiviert, wenn Sie es brauchen, Sie beruhigt, wenn Sie sich zu sehr ärgern wollen, und Sie aufbaut, wenn mal etwas schiefgeht. Und er muss noch nicht einmal für seine Bemühungen bezahlt werden.

Der Sportpsychologe Prof. H. Eberspächer sagte: »Der Kampf ums Durchhalten wird per Selbstgespräch geführt. Bevor man aufgibt, kippt das Selbstgespräch.« Und auch umgekehrt wird ein Schuh daraus: Je positiver der innere Dialog geführt wird, desto größer ist die Wahrscheinlichkeit, dass Sie Ihre Ziele erreichen. Mit einer positiven Einstellung zu sich selbst kann man sich sogar wie Münchhausen am eigenen Zopf aus dem Sumpf ziehen.

Wie unterscheiden Sie das negative vom positiven Selbstgespräch?

In der Küche verschütten Sie in der Eile Ihren frisch aufgebrühten Kaffee, verbrennen sich dabei auch noch die Hand und ein großer Teil des Becherinhalts läuft nun an den Türen des Unterschranks in Richtung Fliesenboden, wo sich bereits eine kleine Pfütze gebildet hat. Wie sprechen Sie nun mit sich? Ist das eher ein »Was bin ich nur für ein Idiot? Nie kann ich einen Kaffee einschenken, ohne eine Riesensauerei zu machen! Was für ein Volltrottel ich doch bin! Ich kriege ja schon die einfachsten Dinge nicht hin!«? Oder ist es ein »Hoppala, da ist wohl ein bisschen was danebengegangen. Na ja, macht nichts, kann ja jedem mal passieren. Ich hol schnell ein Tuch und wische es weg.«?

Vor allem wenn es mal nicht so richtig klappt – ganz gleich, ob es sich um große oder um kleine Katastrophen handelt –, offenbart sich Ihr Umgangston mit sich selbst. Aber auch wenn es gilt, eine gute Leistung zu feiern, kann Interessantes zum Vorschein kommen. Hoffentlich gehören Sie nicht zu der Fraktion, die sogar hart erkämpfte Erfolge sofort mit einem »Na ja, das wurde aber auch Zeit« oder »Das war doch klar« relativieren. Auch wenn Sie ein Lob nicht genießen können, sollten Sie sich Gedanken machen.

Lassen Sie solche Situationen noch einmal vor Ihrem inneren Auge vorbeiziehen – visualisieren Sie sozusagen rückwärts: Wissen Sie noch, was Sie zu sich gesagt haben? War das eher freundlich motivierend oder destruktiv? Das hört sich einfach an. Doch wenn man bis vor Kurzem noch nicht einmal wahrgenommen hat, dass man dauernd mit sich redet, dann wird es vielleicht auch schwerfallen, aufmerksam auf ein solches Selbstgespräch zu hören und den vorherrschenden Ton einzuordnen. Zumal auch bei dieser Frage gilt: Es gibt kein Schwarz und kein Weiß, sondern viele, viele Stufen von Grau dazwischen. Sie werden weder Tag und Nacht auf Ihrer eigenen Seele herumtrampeln, noch werden Sie sich ununterbrochen selbst bestätigen, was für ein toller Hecht Sie doch sind. Es gilt also auch herauszufinden, in welchen Situationen Sie auf welche Art Selbstgespräche führen. Vielleicht halten Sie sich ja für einen exzellenten Autofahrer und perfekten Vorgesetzten, aber einen miserablen Familienvater? Wenn Sie Ihre Achtsamkeit in solchen Situationen etwas trainieren, dann wird es Ihnen auch gelingen, sich selbst zu belauschen.

Sollten Sie zu den Menschen gehören, die laut mit sich schimpfen – und das ist gar nicht so selten –, dann ist es einfach: Fragen Sie doch mal Ihren Partner oder Ihre Kollegen. Die wissen schon längst, wie Sie mit sich umgehen. Aber auch für diejenigen, die ihre Selbstgespräche nicht an die Öffentlichkeit tragen, gibt es Hilfsmittel, sich einzuordnen.

Eine niedriges Selbstbewusstsein, ein geringes Selbstwertgefühl äußert sich in einem negativen und genervten Ton im Selbstgespräch. Bereits an einigen wenigen Merkmalen ist er gut zu erkennen:

➤ Selbstbeschimpfung (»Versager«; »Idiot«)
➤ Generalisierungen (»Ich muss immer ...«, »Nie kann ich ...«; »Wie immer ...«)
➤ negative Selbstbewertung (»Ich kann nicht ...«, »Ich schaffe es nicht ...«, »Andere sind besser als ich.«)

Solche Selbstgespräche wirken sich destruktiv aus. Mit ihnen wird ein absolutes, unverrückbares Urteil gefällt. Hierdurch wird impliziert, dass die Einschätzung nicht angezweifelt werden darf, nicht veränderbar und schon gar nicht beeinflussbar ist. Die Wahrheit liegt meistens ganz woanders: Nicht ein »Immer vergesse ich meinen Hausschlüssel« trifft die Lage, sondern ein »Ich habe schon oft meinen Hausschlüssel vergessen«. Aus einem »Ich muss bis heute Abend unbedingt fertig werden« sollte besser ein »Es wäre gut, wenn ich bis heute Abend fertig werden könnte« werden. Und aus einem »Ich muss etwas zustande bringen« ein »Ich entscheide mich dafür, etwas zu tun«.

Ein positiver Ton im Selbstgespräch zeichnet sich durch Höflichkeit gegen sich selbst, Ruhe und Gelassenheit sowie positive Formulierungen aus, zum Beispiel:

➤ oft (statt immer)
➤ selten (statt niemals)
➤ bisher (statt nie)
➤ noch nicht (statt kann nicht)

Wörter wie diese halten im konstruktiven Selbstgespräch Möglichkeiten für eine positive Zukunft offen. Gerade das »noch nicht« ist ein wahres Zauberwort: Es weist einen Weg, statt Türen zuzuschlagen: »Ich schaffe es noch nicht, mit dem Rauchen aufzuhören, aber ich habe meinen Zigarettenkonsum immerhin schon halbiert. Bestimmt gelingt es mir nächstes Jahr, ganz aufzuhören.« Übrigens, in Ihrem Büro herrscht kein Chaos, es ist noch nicht aufgeräumt. Und die Küche ist auch nicht dreckig, sie ist einfach noch nicht gereinigt. Die Formulierung »dreckige Küche« schreckt ab, bei der Formulierung der noch nicht aufgeräumten Küche klingt schon mit, dass sich was ändern wird. Solche Formulierungen wirken wie Einladungen, etwas zu tun.

»Heute mal« und »ausnahmsweise« sind ebenfalls solche Zauberworte. Sie machen es Ihnen einfacher, etwas Ungewohntes oder sogar Unangenehmes zu erledigen. Denn wenn Sie das Unangenehme mit dem Wort »ausnahmsweise« verbinden, muss es nicht gleich zur Regel werden: »Heute räume ich mal meinen Schreibtisch auf« und »Ausnahmsweise putze ich heute den Kühlschrank.« Indem Sie den Anspruch herunterfahren, nehmen Sie sehr viel Druck aus der Sache. Aufzuräumen fällt dann gleich viel leichter, und Sie haben die Chance zu bemerken, dass es eigentlich gar nicht so schlimm war.

Es ist immer wieder faszinierend: Diese Herangehensweise funktioniert wirklich! Mit einem positiven Selbstgespräch öffnen sich Handlungsmöglichkeiten. Die Einstellung wandelt sich von einem »Das schaffe ich nie, da kann ich auch gleich so weitermachen wie bisher« in ein »Es ist nicht leicht, aber irgendwie werde ich das noch schaffen«. Aus einer subjektiv als katastrophal empfundenen Situation, aus der man keinen Ausweg sieht, wird eine zwar schwierige, aber beherrschbare und verbesserbare Situation. Wer Hindernisse meistern will, darf sein Denken nicht auf die Hindernisse richten, sondern auf die Maßnahmen, sie zu überwinden.

Warum sich selbst fertigmachen?

Leider ist das destruktive Denken, also das negative Selbstgespräch, weit verbreitet. Die Wartezimmer der Therapeuten sind gefüllt mit Leuten, die sich selber fertigmachen. Ihr ewiger Tenor: »Du Pfeife! Das schaffst du sowieso nicht, so etwas hast du noch nie geschafft.« Dabei muss jedem klar sein: Eine solche Selbsteinschätzung kann nicht realistisch sein. Sie bringt auch niemanden weiter, wirkt bestimmt nicht anspornend. Ganz im Gegenteil: Solche Selbstgespräche wirken lähmend und machen krank. Wenn Sie nicht Ihr eigener Freund sind, wie sollen Sie da den Alltag überstehen, ganz zu schweigen von besonderen Herausforderungen?

Wie kann es dazu kommen, dass jemand mit sich selbst so zerstörerisch umgeht? Oft liegt das daran, dass man bereits als Kind nichts anderes gehört hat als »Lass es bleiben, das schaffst du nicht, das kannst du nicht« und »Das dauert doch viel zu lange, lass mich das machen«. Wer so aufgewachsen ist, wird nur schwer ein Grundvertrauen in seine eigenen Fähigkeiten gewonnen haben. Auch übernehmen wir viel von unseren Eltern, ob wir wollen oder nicht. Dazu gehört auch der Ton, in dem sie mit uns sprechen. Mit einiger Wahrscheinlichkeit wird ein Kind auch in den folgenden Jahren und Jahrzehnten mit sich so reden, wie es das von seinen Eltern gelernt hat.

Die negative Selbsteinschätzung kann aber auch in einer viel zu hohen Erwartung an sich selbst begründet sein. Der Anspruch an die eigene Person kann so überdimensioniert ausfallen, dass es gar nicht mehr möglich ist, mit sich zufrieden zu sein. Immer perfekt sein zu müssen, immer zu funktionieren ist ein Anspruch, der nicht erfüllbar ist.

Ganz gleich, was der Grund ist: Wenn Erwachsene in destruktivem Ton mit sich sprechen, dann hat das für sie dieselbe vernichtende Wirkung wie für ein Kind, dem gesagt wird, dass es ja doch zu nichts taugt und niemals etwas aus ihm werden kann. Kein Wunder, dass diese Menschen oft genug mit einem »Das wird nie was« oder einem »Na ja, das kann ich auch noch morgen machen« aufgeben, bevor sie überhaupt angefangen haben.

Die universelle Technik

In den vorhergehenden Kapiteln habe ich Ihnen vier verschiedene Handwerkszeuge vorgestellt, die wir für die bewusste Steuerung unserer Gewohnheiten benötigen: Das Stoppen, das Entspannen, das Visualisieren und das Aufschreiben. Im Vergleich zu diesen Techniken ist das Selbstgespräch die schlagkräftigste und unmittelbarste Technik. Es ist die Voraussetzung und das Begleitwerkzeug für all die genannten Werkzeuge. Ohne vorheriges Selbstgespräch können Sie nicht aus der Routine ausbrechen, nicht visualisieren, nicht entspannen und auch nicht aufschreiben. Solange das Stoppen, Entspannen, Visualisieren und Aufschreiben noch keine Gewohnheiten sind, benötigen Sie immer das richtige Selbstgespräch, um diese Techniken zum Einsatz zu bringen. Bevor sich etwas verbessert, verbessert sich zunächst das Selbstgespräch.

Der Vorteil der Technik des Selbstgesprächs ist, dass Sie nichts Neues in Ihr Selbst integrieren müssen, sondern dass diese Gespräche im Grunde schon da sind. Es geht nur darum, sich ihrer bewusst zu werden, um sie dann auch gezielt einsetzen zu können. Das Selbstgespräch begleitet uns immer auf unserem Weg zum Ziel – so, wie uns unsere Eltern früher gesagt haben, was wir tun müssen, um dorthin zu kommen, wohin wir wollen, müssen wir unseren Coach im Kopf aktivieren, damit er uns den Weg zeigt. Wenn Sie als Kind etwas nicht geschafft haben, dann haben Ihre Eltern Ihnen Mut zugesprochen, wenn Sie vor etwas Angst hatten, dann haben

Ihre Eltern Sie beruhigt. Als Erwachsener können Sie sich selbst motivieren und beruhigen. Wenn dies nicht automatisch passiert, dann übernehmen Sie ganz bewusst die Rolle des Helfers selbst. Reden Sie immer so mit sich, wie Sie möchten, dass ein guter Freund, eine gute Freundin mit Ihnen reden soll!

Das Visualisieren entspringt der kreativen Seite unseres Ichs, wir müssen entspannt sein, um mit den komplexen Bildern arbeiten zu können. Das Selbstgespräch dagegen ist analytischer Natur und funktioniert auch, wenn Sie nicht entspannt sind. Das ist ein großer Vorteil. So ist diese Technik immer und sofort wirksam einsetzbar. Es ist auch sehr viel präziser, da die Sprache konkreter als ein Bild ist. Stellen Sie sich die beiden Techniken als zwei Muskeln vor, mentale Muskeln, die Sie trainieren können. Im Zusammenspiel entwickeln sie maximale Kraft.

Wenn Sie es schwierig finden, Ziele zu visualisieren, dann können Sie über das Selbstgespräch dem Bild von Ihrem Ziel näher kommen. Beschreiben Sie es dann erst einmal mit Worten. Wie sieht es aus, was fühlen Sie? Auch wenn wir das Emotionale, das Intuitive in uns ansprechen wollen, erfolgt der Zugriff doch immer nur über den bewussten Kanal, über das Selbstgespräch.

Sportler lernen nicht nur, ihre Ziele zu visualisieren, sie trainieren auch intensiv das positive Selbstgespräch. Noch vor den Bildern im Kopf kommt das Selbstgespräch. Nach einem verpatzten Sprung gilt es, den Misserfolg erst mal zur Seite zu schieben. »Das kann ich, beim nächsten Mal werde ich das gut machen.« Auch Sie können diese Technik nutzen. Versetzen Sie sich in die positive Stimmung, die für Höchstleistungen unerlässlich ist. Überreden Sie sich zum Erfolg.

Sich zum Erfolg überreden

Sobald Sie entdecken, dass Ihr Selbstgespräch in bestimmten Situationen negativ verläuft, haben Sie bereits eine neue Aufgabe: Wandeln Sie Ihr Selbstgespräch in ein positives um! Sie müssen nicht unbedingt wissen und ergründen, warum Sie so mit sich sprechen. Sie sind schließlich kein Therapeut. Wichtig ist allein die Erkenntnis, dass Sie destruktive Selbstgespräche führen und dies ändern wollen.

Wenn Sie sich auf dem Weg in ein negatives Selbstgespräch befinden, dann sollten Sie sich bereits Formeln zurechtgelegt haben, die Sie wie ein Mantra einsetzen. Sätze wie »Das ist ja interessant!« und »Moment mal …« haben wir bereits bei den Stopptechniken kennengelernt. Nun wissen Sie, warum sie so gut funktionieren.

Sie können auch Wörter erfinden oder ungewöhnliche Ausdrücke verwenden – denken Sie nur an das »Heuwägelchen«, das mir meine Mutter ans Herz gelegt hatte. Dadurch kommen Sie von Ihrem negativen Selbstgespräch weg und gelangen zunächst zu einem ganz neutralen Dialog mit sich selbst – so kann die Situation nicht ins Destruktive abrutschen und Sie gewinnen Zeit, um ein konstruktives Selbstgespräch zu beginnen. Auch wenn ein unangenehmer Gedanke Sie ständig beschäftigt, sagen Sie ganz laut Stopp!! Und denken sofort an etwas anderes.

Auch das Entspannen wird durch das Selbstgespräch leichter:

- »Jetzt mal tief durchatmen.«
- »Setz dich erst mal wieder richtig hin.«
- »Mach dich locker.«
- »Langsam, langsam …«
- »Gähn mal kräftig!«

Sie sehen, vieles von dem, was wir in den vorangegangenen Kapiteln besprochen haben, basiert auf der Kunst des Selbstgesprächs. Wenn Ihnen die Bezeichnung Selbstgespräch für eine solche wichtige Technik ein wenig banal vorkommt oder einen negativen Klang für Sie hat, dann nutzen Sie doch einen Begriff von Peter Sloterdijk, nennen Sie es einfach »endorhetorische Übung«.

III Aufsteigen, Zügel in die Hand!

Welche Angewohnheiten Sie immer wieder brauchen

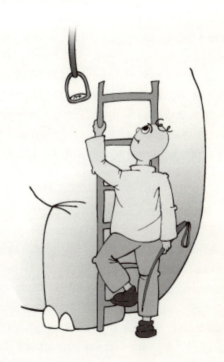

9 Hinschauen –
was ist eigentlich das Problem?

»Schau der Furcht in die Augen,
und sie wird zwinkern.«

Aus Russland

Ihr zwölfjähriger Sohn ist gar nicht schlecht in der Schule. Er hat sogar eine sehr gute Auffassungsgabe, das macht es ihm leicht, ohne große Anstrengung in allen Fächern mitzukommen. Und wenn er sich ein bisschen mehr bemühen würde, hätte er sicher nur Einser und Zweier im Zeugnis. In Mathematik hat er jetzt aber eine glatte Fünf geschrieben. Nun, das kann schon mal vorkommen. Sie können es sich jetzt einfach machen, Erklärungen und Entschuldigungen für solch einen Ausrutscher gibt es viele. Sie nicken also nur freundlich, trösten Ihren Sohn ein wenig und sind stolz auf sich, so tolerant und verständnisvoll zu sein. Dann lesen Sie weiter in Ihrer Zeitung.

Nicht hinzuschauen ist eine große Versuchung. Sie sparen es sich, sich mit der Note Ihres Sohnes auseinanderzusetzen. Denn das ist nicht nur lästig und kostet Zeit, es löst auch starken inneren Widerstand aus. Hinschauen bedeutet oft, sich unwohl, gestresst zu fühlen. Womöglich müssten Sie sich sogar eingestehen, dass Sie in letzter Zeit nicht mehr darauf geachtet haben, dass Ihr Sohn regelmäßig seine Hausaufgaben macht. Und Diskussionen mit einem Zwölfjährigen können ganz schön anstrengend sein. Wenn Sie Ihre Rolle als Elternteil ernst nehmen, dann bleibt Ihnen jedoch gar nichts anderes übrig, als nachzuforschen.

Sie sehen sich also zusammen mit Ihrem Sohn die Klassenarbeit an. Der ist natürlich gar nicht davon begeistert, am liebsten möchte er das Matheheft in die Ecke schmeißen. Das ist eine ganz normale Reaktion. Doch Sie bleiben konsequent. Maulend setzt er sich neben Sie. Sie lassen sich erklären, wie die Aufgaben richtig gelöst werden. Achten Sie darauf, dass Sie Ihren Sprössling mit dieser Situation nicht überfordern. Vielleicht gehen Sie auch nur eine oder zwei der Aufgaben durch. Doch Sie müssen sich ein Bild machen. Sie müssen hinschauen. Und Ihr Sohn auch. Erst dann erkennen Sie beide, ob er wirklich nur einen schlechten Tag hatte und ob Sie beide beruhigt sein können. Oder ob Handlungsbedarf besteht. Denn wenn erst die nächste Klassenarbeit auch noch danebengegangen ist, wird es sehr viel schwieriger sein, das Versäumte nachzuholen.

Hinschauen heißt, sich der Realität zu stellen.

Hinschauen, auch wenn es unangenehm und lästig ist

Viele Menschen verdrängen Schwierigkeiten so lange, bis es ein böses Erwachen gibt. Sie schauen überallhin – nur nicht dorthin, wo es brennt. Im Vermeiden sind sie wahre Meister. Unangenehme Entscheidungen schieben sie auf die lange Bank. Doch indem sie Problemen aus dem Weg gehen, werden sie sie noch lange nicht los. Ganz im Gegenteil: Aus einer kleinen Unregelmäßigkeit kann schnell ein schier unbezwingbares Monstrum werden. Je länger sie warten, desto schwieriger wird es, eine Lösung für ein Problem zu finden.

Um sich der Realität zu stellen, muss man mit negativen Gefühlen umgehen.

Ein Problem zu verdrängen macht die Sorgen stark. Stellen Sie sich vor, dass die Energie, die Sie ins Verdrängen stecken, umgeleitet wird in die Sorge. Sie wird immer größer.

Dinge einfach laufen zu lassen ist so angenehm! Deshalb fällt es uns so schwer, uns rechtzeitig um ein Problem zu kümmern. Es ist reine Bequemlichkeit, wenn wir uns vorgaukeln: »Es ist ja bis jetzt gut gegangen, dann wird es in der nächsten Zeit auch gut gehen« oder »Da muss ich mich jetzt nicht drum kümmern, das regelt sich schon von selbst«. Der Mensch neigt dazu, den Weg des geringsten Widerstandes zu gehen. Das spart Kraft, zumindest für den Moment.

Eigentlich ist es kein großer Aufwand, im Herbst an der Tankstelle mal eben eine Flasche Frostschutzmittel in die Scheibenwaschanlage Ihres Autos zu schütten. Das dauert keine drei Minuten und für den Rest des Winters hat man eine Sorge weniger. »Morgen müsste ich endlich mal …«, heißt es dann jeden Tag aufs Neue. Doch auch beim nächsten Tankstopp gibt es wieder tausend Gründe, sich nicht gerade heute darum zu kümmern, sondern erst beim nächsten Mal. Das Vorhaben wird so lange aufgeschoben, bis der erste Kälteeinbruch da ist und die Leitung einfriert und platzt. Das kann dann so richtig teuer werden!

Genau hinschauen bedeutet oft, sich eingestehen zu müssen, selbst Teil oder sogar Ursache des Problems zu sein. Vielleicht haben Sie etwas falsch gemacht, waren zu nachlässig, zu blauäugig oder einfach zu faul. Es kostet Überwindung, sich offen mit den eigenen Fehlern auseinanderzusetzen und auch, aktiv werden zu müssen. Viel angenehmer, als die Wahrheit zu akzeptieren und das Ruder herumzureißen, ist es, die Augen zu schließen und weiterzuwursteln wie bisher. Dass das dicke Ende noch kommt, verdrängen wir dann nur allzu gerne.

Das Vermeiden, Verdrängen und Wegschieben ist weit verbreitet. Wenn auch Sie dazu neigen, Probleme unter den

Teppich zu kehren, dann sollten Sie sich genau beobachten, um sich auf die Schliche zu kommen. Analysieren Sie die Gründe genau, auch wenn Ihr Selbstbild dabei vielleicht ein paar Kratzer abbekommt. Fragen Sie sich einmal, in welchen Situationen und bei welchen Themen Sie es vermeiden, sich mit den Tatsachen auseinanderzusetzen. Die Antworten könnten dann so aussehen:

- Sie heften Ihre Kontoauszüge ungelesen ab, auch wenn sich der Saldo über längere Zeit tief im Minus bewegt.
- Sie legen misslungene Projekte schnell zu den Akten und fangen mit einem neuen an, ohne den Grund fürs Scheitern erkannt zu haben.
- Sie schieben Ihre Eifersucht auf das Verhalten Ihres Partners oder Ihrer Partnerin, ohne zu fragen, welche Rolle Sie selbst dabei spielen.
- Wenn Sie nicht befördert wurden, unterstellen Sie, dass der andere aus persönlichen Gründen vorgezogen wurde, statt zu überlegen, wo Ihre Defizite liegen.

Nicht alle Lebensbereiche müssen von einem solchen Verhalten betroffen sein. Vielleicht haben Sie bei der Arbeit alles im Griff, aber in der Partnerschaft stellen Sie sich gerne blind und taub? Achten Sie auf Ihre Intuition. Das erste Alarmsignal, dass etwas nicht stimmen könnte, ist immer ein ungutes Bauchgefühl. Sie spüren, dass etwas schiefgehen könnte. Sehen Sie genau hin, ob Sie einen objektiven Grund für Ihr ungutes Gefühl finden. Analysieren Sie, worin die Gefahr oder das Risiko bestehen könnte.

Ihre Intuition ist das erste Alarmsignal.

Stellen Sie sich vor, Sie bekommen per E-Mail einen Auftrag. Doch der Inhalt kommt Ihnen seltsam vor – der Kunde drückt sich viel zu umständlich aus, Ihr erstes Gefühl ist, dass irgendetwas nicht stimmt. Nun können Sie sich natürlich sagen: »Das wird schon in Ordnung sein, bis jetzt hatten wir noch nie große Schwierigkeiten mit unseren Kunden.« Die richtige Reaktion ist aber ein »Stopp! Was ist hier los?«. Also genau hinsehen und nachfragen. Im besten Fall werden Sie feststellen, dass Ihre Sorgen unbegründet sind. Vielleicht stellt sich heraus, dass Ihr Auftraggeber eine ausländische Firma ist und der Verantwortliche zwar ganz gut Deutsch spricht, aber bei manchen Formulierungen unsicher ist. Es kann aber auch sein, dass Ihr neuer Kunde in der gesamten Branche als schwer zufriedenzustellen und unsolide verschrien ist. Schon oft hat er an einem Tag das eine bestellt und am anderen Tag das andere gewollt und jede Menge Ärger gemacht. Dann werden Sie froh sein, sich rechtzeitig informiert zu haben. Denn in diesem Fall werden Sie die Verträge von vorneherein anders formulieren und so den Schwierigkeiten keinen Raum geben.

Nur wer sich der Realität stellt, kann sinnvoll handeln

Hinschauen heißt nichts anderes, als sich der Realität zu stellen. Wenn ein Problem auftritt, geht es darum, möglichst emotionslos und distanziert zu beurteilen, warum es nicht geklappt hat und wie es das nächste Mal besser werden kann. Erst mit einem realistischen, ungetrübten Blick auf das Problem werden Sie erkennen, was Sie ändern müssen und was Sie überhaupt ändern können. Bevor Sie anfangen, sich zu ärgern, sagen Sie »Stopp!« und beginnen ein Selbstgespräch:

Was genau ist passiert?	Herr Schulze hat Sie heute Morgen im Büro nicht gegrüßt.
Was ist wirklich das Problem?	Nicht dass Herr Schulze arrogant sein könnte ist das Problem, sondern dass Sie sich ignoriert fühlen und – wenn Sie es zu Ende denken – dass Sie so wenig Selbstwertgefühl haben, dass es Sie stört, wenn Herr Schulze Sie nicht grüßt.
Ist ein Muster erkennbar oder handelt es sich um ein einmaliges Ereignis?	Wenn er Sie jeden Morgen wie Luft behandelt, dann sollten Sie ihn bei nächster Gelegenheit freundlich auf sein Verhalten ansprechen. Begrüßt Herr Schulze Sie dagegen jeden Morgen und nur heute hat er es versäumt, dann war er wohl in Gedanken ganz woanders – wo ist das Problem?

Auch die Informationen, die Sie erreichen, sollten Sie einem Realitäts-Check unterziehen. Was ist überhaupt relevant für Sie? Was stammt nur aus der Gerüchteküche? Gegen viele Aufgeregtheiten im Alltag hilft es, sich auf die Fakten zu konzentrieren.

Aufschreiben bringt Realität in die Dinge

Ein überaus erfolgreiches Programmformat von einem der privaten Fernsehsender zeigt einen Schuldenberater dabei, wie er Menschen, die in die Schuldenfalle geraten sind und aus eigenen Kräften nicht mehr herausfinden, medienwirksam berät. Was macht nun der Schuldenberater? Nichts anderes als genau hinschauen – und aufschreiben! Als Erstes lässt er sich alle relevanten Unterlagen geben und fertigt eine genaue Übersicht an. Wie hoch ist das Einkommen, was sind die Fixkosten? Welche Kosten können heruntergeschraubt werden? Worauf kann und muss verzichtet werden? Am Ende stehen klare Zahlen auf dem Papier. Und dann kann sinnvoll weitergearbeitet werden.

Wenn Sie ein Problem in geschriebener Form vor sich auf dem Papier sehen, so erlangen Sie – wie schon erwähnt – Distanz zu den Dingen. Über ein Problem, das auf einem Blatt Papier geschrieben steht, erlangen Sie automatisch Kontrolle. Denn es spukt nun nicht mehr in Ihrem Kopf herum, sondern Sie sehen es klar vor sich. Und es wächst nicht mehr. Im Kopf kann es leicht immer bedrohlichere Formen annehmen, immer schlimmer werden.

Die Macht des Aufschreibens nutze ich auch bei Coachings. Zu Beginn, in der ersten Sitzung, frage ich, wo sich auf einer Skala von 1 bis 10 die Person einordnet. Die 1 entspricht hierbei einer totalen Katastrophe und 10 einer Situation, in der das Problem vollständig beseitigt werden konnte. Erfahrungsgemäß wählen die meisten eine 3 oder 4. Die Probleme werden also als durchaus schwerwiegend, aber nicht als dramatisch eingeschätzt. Den Teilnehmern wird bewusst, dass es noch viel schlimmer sein könnte. Ein relativiertes Problem büßt viel von seinem Schrecken ein,

Aufschreiben ist ein geeignetes Werkzeug, um die Lage realistisch einzuschätzen.

es wird automatisch zurechtgestutzt. Wenn Sie sich fragen, was im schlimmsten Fall passieren könnte, dann werden Sie schnell erkennen, dass wirklich existenzielle Probleme äußerst selten sind. Und wer bei 3 steht, der entwickelt leichter die Motivation zu überlegen, wie man nach 4 kommt.

Außerhalb von Seminaren, Coachings oder Therapien hilft auch das *Reden* mit anderen sehr. Andere haben in aller Regel einen realistischeren Blick auf die Fakten und können dabei helfen, sie klarer zu sehen und Lösungsmöglichkeiten zu erkennen. Sprechen Sie also mit Freunden und in der Familie über die Dinge, die Ihnen das Leben schwermachen. Auch das relativiert Ihre Probleme und macht es Ihnen einfacher.

Überhaupt ist das Miteinanderreden ein wichtiges Instrument, um Probleme erst gar nicht entstehen zu lassen. In meinen Seminaren höre ich immer wieder von Beispielen, in denen es gar nicht erst zu einer dramatischen Zuspitzung hätte kommen können, wenn die Beteiligten zur rechten Zeit miteinander gesprochen hätten. Ärgern Sie sich also nicht über die ungeschickte Aussage eines Kollegen und beschweren sich dann bei anderen darüber. Fragen Sie sofort nach, was er genau gemeint hat. Meist löst sich die Angelegenheit in Wohlgefallen auf. Also: miteinander sprechen und nicht übereinander.

Wie groß Probleme wirklich sind

Es ist sicher ein großer Unterschied, ob es sich bei dem aufgetretenen Problem darum handelt, dass der Catering-Service mittags die falschen Brötchen geliefert hat, oder ob im Verlauf von Tests an einer Marssonde unerklärliche Fehlfunktionen der Steuerung aufgetreten sind. Im einen Fall sind einige Mitarbeiter etwas verärgert, im anderen drohen Milliarden an Steuergeldern sinnlos vergeudet zu werden. Verschaffen Sie sich also einen genauen Überblick über Ihre Probleme, bestimmen Sie ihre reale Dimension. Dann können Sie sie in der richtigen Reihenfolge angehen.

Notieren Sie sich hierzu alle Dinge, die Sie belasten, die Sie ärgern, die Ihre Lebensqualität einschränken – mit anderen Worten: Stellen Sie eine Liste Ihrer Probleme auf. Ihre Gesundheit macht Ihnen zu schaffen? Ihr Konkurrent hat gerade ein Produkt auf den Markt gebracht, das Ihnen noch große Schwierigkeiten bereiten wird? Ihre Tochter ist drauf und dran, einen mittellosen Langzeit-Studenten zu heiraten? Sie besitzen kein einziges scharfes Küchenmesser? Der morgendliche Stau auf der Autobahn geht Ihnen auf die Nerven? Schreiben Sie alles auf, was Ihnen in den Sinn kommt. Lassen Sie diese Liste ruhig ein paar Tage auf dem Küchentisch liegen und tragen Sie immer wieder auf, was Sie stört oder ärgert – da wird sicher so einiges zusammenkommen!

Wenn die Liste mehr oder weniger vollständig ist, geht es daran, sich die einzelnen Punkte anzuschauen. Zunächst einmal sollten Sie sich die Frage stellen, welche der Probleme lösbar sind oder sich zumindest abmildern lassen und an welchen Sie sich immer wieder die Zähne ausbeißen werden. Sie sehen: Auf einen erstaunlich großen Anteil der Probleme, die Sie aufgeschrieben haben, haben Sie gar keinen Einfluss. Weder das Wetter noch das Fernsehprogramm oder die Art, wie Ihr Vordermann auf der Autobahn fährt, werden Sie jemals ändern. Sie können auch nicht Vergangenes ungeschehen machen. Wenn Sie etwa aus dem Urlaub zurückkehren und Ihre Lieblingspflanze eingetrocknet ist, dann lässt sich dies beim besten Willen nicht mehr rückgängig machen. Finden Sie sich mit dem Verlust ab und bitten Sie beim

Akzeptieren Sie Dinge, die Sie nicht ändern können.

nächsten Mal den Nachbarn, alle paar Tage zum Gießen herüberzukommen.

Reihen Sie sich auch nicht in die Schar der Menschen ein, die über Dinge jammern und meckern, auf die sie keinen Zugriff haben. Was ist besser: Regen und schlechte Laune oder Regen und gute Laune? Wie es Marcus Aurelius sagt: »Es wäre dumm, sich über die Welt zu ärgern. Sie kümmert sich nicht darum.« Akzeptieren Sie Dinge, die Sie nicht ändern können. Wenn Sie diese Punkte abgehakt haben, dann wird Ihre Liste schon ein deutliches Stück kürzer geworden sein.

Ein klarer Blick verkleinert die Probleme

Ein Teilnehmer eines meiner Seminare klagte einmal darüber, dass er bei seiner Arbeit immer wieder durch zahlreiche Kundenanrufe und E-Mails gestört würde. Das gefühlte Problem war: »Ich werde ständig unterbrochen.« Bei näherer Betrachtung zeigte sich: Genau diese Kommunikation mit den Kunden war ein wichtiger Bestandteil seiner Arbeit! Das hatte er aus den Augen verloren. Und weil er sich darauf beschränkte, sich zu ärgern und bei anderen ausgiebig zu beklagen, ist er gar nicht auf die Idee gekommen, das Problem anzugehen. Unzufriedenheit und schlechte Laune waren vorprogrammiert. Nachdem er dies erkannt und akzeptiert hatte, wurde er aktiv: Er strukturierte seinen Arbeitstag sinnvoll neu, indem er zum Beispiel seine E-Mails nur noch einmal am Tag bearbeitete und so alle anderen anfallenden Aufgaben – einschließlich der Telefonate – leicht erledigen konnte.

Sicher enthält auch Ihre Liste einige Probleme, die nur eines Perspektivwechsels bedürfen. Machen Sie aus gefühlten Problemen immer reale, und das beginnt oft mit dem Aufschreiben. Manchmal braucht es nur einen neuen, frischen

Blick und Ihr Problem schrumpft auf ein erträgliches Maß oder verschwindet sogar ganz. Wenn erst mal die Luft abgelassen wurde, entpuppt sich so manche neunköpfige Hydra als Regenwurm.

Denken Sie daran: Der Mensch ist das einzige Tier, das sich Sorgen machen kann. Nicht jede Schwierigkeit ist real. Es soll ja Leute geben, die machen sich Sorgen, weil sie keine Sorgen haben. Mehr als 90 Prozent aller Sorgen schmelzen im Licht der Realität dahin wie Schnee in der Sonne.

Hinschauen zur Gewohnheit machen

Wenn kleine Kinder das erste Mal einen großen Hund treffen, reagieren sie oft mit Angst und Weinen. Man nimmt sie dann auf den Arm, beruhigt sie und ermuntert sie, wieder hinzuschauen. Das löst erneut Angst aus, aber etwas weniger. Nach mehrmaligem Hinschauen und Beruhigen wird das Kind langsam, aber sicher seine Angst verlieren. Genauso ergeht es uns selbst mit dem Hinschauen auf das, was wir am liebsten vermeiden möchten.

Hinschauen ist unbequem und oft unangenehm. Aber es lohnt sich. Denn so sparen Sie eine Menge Energie. So wie Sie sich auch an das Zähneputzen gewöhnt haben und wie man sich an eine morgendliche kalte Dusche gewöhnen kann, werden Sie sich auch an das Hinschauen gewöhnen. Denn je öfter Sie das machen, desto leichter wird es Ihnen fallen, die emotionale Belastung beim Hinschauen auszuhalten. Immer besser werden Sie damit klarkommen, auch die eigene Rolle realistisch einzuschätzen. Immer wieder hinschauen macht stark.

Falls Sie Kinder haben, dann üben Sie dies mit ihnen. Gut dosiert, aber immer herausfordernd genug. Helfen Sie ihnen mit zunehmendem Alter zu lernen und zu akzeptieren, dass das Leben eine Serie von Hindernissen und Herausforderungen darstellt. Sie trainieren so die emotionalen Muskeln Ihrer Kinder und verhelfen ihnen zu größerer Stabilität und Widerstandskraft.

Wenn Sie sich erst das Hinschauen angewöhnt haben, dann werden Sie merken, dass Sie mit der Zeit eine feine Antenne für heraufziehende Schwierigkeiten entwickeln. Sie werden in der Lage sein, immer früher einzugreifen, im besten Fall sogar noch bevor ein Problem überhaupt entsteht. Werden Sie ein Energiesparer: Wenden Sie lieber ein wenig Energie dafür auf, eine sich anbahnende Schwierigkeit aus dem Weg zu räumen, als später ungeheuer viel Energie für ein immenses Problem aufwenden zu müssen. So gewinnen Sie ein großes Stück zusätzlicher Lebensqualität.

Immer wieder hinschauen macht stark.

10 Ziele setzen –
wie Sie die Latte auf die richtige Höhe legen

> »Wer vom Ziel nicht weiß,
> kann den Weg nicht haben,
> wird im selben Kreis all sein Leben traben.«
>
> *Christian Morgenstern*

Es ist Wochenende, draußen herrscht wunderbares Frühlingswetter, Sie haben nichts Besonderes vor. Obwohl es schon fast Mittag ist, sitzen Sie noch etwas träge am Frühstückstisch. Bewegung würde Ihnen guttun. Es ist genau der richtige Zeitpunkt, hinaus ins Grüne zu fahren und einen langen Spaziergang zu machen. Am Freitag haben Sie extra Obst eingekauft, denn Sie haben sich vorgenommen, sich gesünder zu ernähren. Das wollen Sie mitnehmen und ein richtiges Picknick machen. Während Sie noch überlegen, wie man eine Ananas zubereitet, klingelt das Telefon. Ihr Freund fragt, ob Sie mit ihm zusammen die Formel-1-Übertragung im Fernsehen ansehen möchten. Sie lassen sich gerne überreden und zehn Minuten später steht er schon vor der Tür. Er bringt Fast Food vom Chinesen mit. So verbringen Sie den ganzen Nachmittag auf dem Sofa, anstatt sich zu bewegen, essen Nasi Goreng statt Obstsalat und sind am Abend unzufrieden mit sich selbst.

Keine Ziele haben ist wie Hochsprung ohne Latte

Viel zu oft geraten wir in eine Situation, über die wir dann später sagen: »Eigentlich hätte ich viel lieber ...« oder »Es wäre besser gewesen, wenn ich ...«. Dann haben wir uns im entscheidenden Moment nicht klargemacht, was uns guttut und was wir wirklich wollen. Indem wir den bequemsten Weg wählen, verlieren wir aus den Augen, was uns weiterbringt.

Manche Menschen meinen, der Sinn des Lebens bestünde darin, mit möglichst wenig Aufwand und Anstrengung durchs Leben zu kommen. Sie handeln nicht aus eigener Kraft, sie reagieren nur auf äußere Einflüsse. Wenn wir jedoch bewusst leben und unserem Leben die entscheidende Richtung geben wollen,

Lieber selbst etwas bewegen als bewegt werden.

dann dürfen wir es nicht dem Zufall überlassen, was wir tun. Entweder Sie bewegen etwas, oder Sie werden bewegt.

Ist Ihnen schon einmal aufgefallen, dass der Ausdruck »sich treiben lassen« wunderbar doppeldeutig ist? Zunächst einmal hört es sich ganz gemütlich an, ein wenig wie: sich im warmen Wasser gemütlich dahinschaukeln lassen. Doch täuschen Sie sich nicht! Wenn Sie sich treiben lassen, dann können Sie ganz schnell in einer Ecke landen, in die Sie gar nicht wollten. Dann bestimmen nicht Sie, wo es langgeht, sondern andere. Wer nicht die Richtung vorgibt, darf sich nicht wundern, dass er nirgendwo ankommt.

Ziele bestimmen die Richtung, in der Sie sich fortbewegen müssen, um auf dem richtigen Weg zu bleiben. Mit einem Ziel vor Augen fällt es Ihnen auch leichter, sich nicht in der Vielfalt der Handlungsmöglichkeiten zu verirren, die Ihnen in jedem Augenblick offenstehen. Wie Wegmarken, die auch dann noch sichtbar sind, wenn Sie sich im Dickicht des Alltags zu verirren drohen, helfen sie Ihnen dabei, auf Kurs zu bleiben.

Denken Sie an einen Hochspringer, der versucht, ohne Latte zu trainieren. Er macht zwar seine Sprünge, aber es wird nur ein richtungsloses Hüpfen sein. Erst die Latte gibt ihm vor, wohin er springen soll. Ohne Latte fehlt der Ansporn. Er kann den Anlauf nicht richtig planen, die Höhe nicht durch systematisches Training steigern und wird nie sein Potenzial ausschöpfen. Ein Leben ohne Ziele ist wie Hochsprung ohne Latte. Kein Sportler würde so arbeiten können. Erst wenn wir uns Ziele setzen, haben wir eine Chance, unser Leben zu gestalten und eine tiefe Lebenszufriedenheit zu erfahren.

Werden Sie aktiv und setzen Sie sich Ziele!

Und einen weiteren Effekt hat es, sich Ziele zu definieren: Sie setzen Kräfte in uns frei, und das in gleich doppelter Weise!

> Das noch vor uns liegende Ziel spornt uns an. Wenn zum Beispiel der Bergsteiger Reinhold Messner ohne Sauerstoffgerät auf den Mount Everest steigt, dann hat er auf seinem Weg zum Gipfel gewiss ein paar sehr unangenehme Stunden zu überstehen. Doch mit einem sinnvollen Ziel vor Augen steht er sie durch. Für mich ist folgende Aussage Messners besonders bedeutsam: »Die wichtigste menschliche Fähigkeit ist Sinn stiften. Nicht, weil ich besonders stark, ausdauernd, kühn wäre, bin ich erfolgreich. Ich mache mir mein Tun zuerst sinnvoll.«
> Wenn wir ein Ziel erreicht haben, bringt es uns ein Hochgefühl, das uns gleich über die nächsten Hindernisse weitertragen kann. Der erste gelungene Dialog im Spanischunterricht macht sofort Lust auf mehr, lässt das Üben weniger anstrengend erscheinen. Erfolg ist der Vater des Erfolges.

Ziele formulieren

Um sich ein Ziel zu setzen, werden Sie alle Techniken, die Sie im zweiten Teil des Buches kennengelernt haben, nutzen können. Zunächst einmal müssen Sie stoppen und entspannen, um sich in einem ruhigen Moment fragen zu können: »Wo will ich hin?« Das Visualisieren, das Selbstgespräch und das Aufschreiben brauchen Sie, um sich zu fragen: »Was bewegt mich und was treibt mich an? Was kann ich als Nächstes tun, damit es mir besser geht? Was brauche ich wirklich?« Und nicht zuletzt: »Was brauche ich nicht?« Oft zeigt es sich, dass die letzte Frage die wichtigste ist.

Ziele müssen realistisch und erreichbar sein.

Denn mit zunehmender Lebenserfahrung stellt sich heraus, dass vieles, was man für unverzichtbar für ein gutes Leben hielt, getrost wegfallen kann. Immer häufiger kommt man zu folgendem Ergebnis: »Eigentlich brauche ich das nicht« oder »Im Grunde ist das gar nicht wichtig.«

Es gilt festzuhalten: Das Leben ist ein Prozess, der nicht auf einen einzig möglichen Endzustand hinausläuft. Es gibt nicht das große Ziel, sondern eine Vielzahl an größeren und kleineren Zielen, die das Leben insgesamt lebenswert machen.

Sich die richtigen Ziele zu setzen kann man erlernen. Sicher haben Sie sich auch schon Ziele gesetzt, die Sie nicht erreicht haben, und waren deshalb frustriert. In den meisten Fällen wird das daran gelegen haben, dass Ihr Ziel die folgenden Bedingungen nicht erfüllt hatte:

1. Das Ziel muss spezifisch sein. Es muss zu Ihnen passen, mit Ihren Bedürfnissen und Motiven, mit Ihren Kenntnissen und Fertigkeiten, Ihren Begabungen in Beziehung stehen. Falls Sie 1,65 Meter groß und 52 Kilogramm schwer sind, sollten Sie sich eine Karriere im Kugelstoßen besser nicht vornehmen.

2. Ein Ziel muss immer realistisch sein. Sie können gerne davon träumen, weltberühmt und unermesslich reich zu sein, doch solche Illusionen sind nicht im realen Leben verankert. Tagträumereien mögen ganz angenehm sein, wenn sie jedoch überhandnehmen, können sie uns den Blick auf die Realität versperren und uns davon abhalten, uns um die Ziele zu kümmern, die unser Leben in der Realität bereichern.
3. Ziele dürfen nicht zu schwierig zu erreichen sein, aber auch nicht zu einfach gewählt werden. Um im Vergleich mit dem Hochspringer zu bleiben: Wenn die Latte so hoch liegt, dass Sie denken, dass Sie das niemals schaffen werden, dann werden Sie sich auch nicht bemühen und von vornherein aufgeben. Wenn die Latte aber so niedrig liegt, dass Sie darüberspazieren könnten, dann ist es auch keine Herausforderung. Es macht keinen Spaß und bringt keinen Energieschub, eine solche Hürde zu überwinden. Erfolgreiche Menschen wählen immer Ziele, die anspruchsvoll, aber auch erreichbar sind.
4. Und noch eine Eigenschaft sollte ein Ziel haben: Es muss ganz konkret und überprüfbar formuliert sein. In meinen Seminaren höre ich immer wieder, dass Führungskräfte sagen: »Ich werde mich in Zukunft mehr um meine Familie kümmern.« Das hört sich ja erst mal ganz gut an, doch allein der Begriff »in Zukunft« ist reichlich unkonkret. Was heißt das – in einer Woche, in einem Jahr, wenn ich Rentner bin? Und was bedeutet »mehr kümmern«? Ist damit gemeint, jeden Abend um sechs Uhr den Kindern eine Gutenachtgeschichte vorzulesen? Oder eher doch an einem Wochenende mit ihnen in einen Freizeitpark zu gehen? Sie merken schon: Eine diffuse Aussage ist nicht viel wert, sie ist eher eine Worthülse als ein Ziel. Viel effizienter ist es, seinen Kindern zum Beispiel zu sagen, dass man ab sofort zweimal in der Woche um sieben Uhr zu Hause ist. Indem

Sie sagen »ab heute« und »zweimal in der Woche« setzen Sie klare Vorgaben. Sie machen so auch nicht den Fehler, zum Rundumschlag ausholen zu wollen, indem Sie verkünden, jeden Tag zeitig daheim zu sein. Denn wenn Sie es bis jetzt nur selten geschafft haben, vor sieben Uhr bei Ihrer Familie zu sein, wird es auch in der nächsten Zeit immer wieder Umstände geben, die Sie daran hindern werden.

Ein konkretes Ziel ist auch überprüfbar – wenn Sie Ihren Kindern etwas versprechen für den Fall, dass Sie das Ziel nicht einhalten, haben Sie jemanden, der Sie sehr genau kontrollieren wird.

Das Falsche-Hoffnung-Syndrom

In der Psychologie ist der Begriff des *False-Hope-Syndroms*, also des Falsche-Hoffnung-Syndroms, bekannt. Vier Fehler führen zum sicheren Scheitern aller guter Vorsätze und Hoffnungen:

1. Viel zu hohe Erwartungen formulieren.
   Auch wenn Sie sicher in der nächsten Zeit Ihr Gewicht reduzieren können, sollten Sie sich nicht vornehmen, es in einem Rutsch von 115 kg gleich auf 70 kg zu schaffen.
2. Ergebnisse zu schnell erwarten.
   Und selbst 5 kg nimmt man normalerweise in 4 Wochen nicht ab.
3. Die eigenen Fähigkeiten überschätzen.
   Auch wenn Heidi Klum kurze Zeit nach der Geburt ihrer Kinder wieder Traummaße aufweist – nicht jeder hat die eiserne Disziplin, die hierzu notwendig ist, und einen Personal Trainer auch nicht.
4. Sich von den Änderungen zu viel versprechen.
   Mit 5 kg weniger geht es Ihnen besser, aber deswegen sind Sie nicht automatisch »the sexiest woman alive«.

Um nicht in die Falle der falschen Hoffnungen zu geraten, heißt es also, seine Ziele realistisch zu wählen und sie den eigenen Möglichkeiten anzupassen. Nehmen Sie sich genügend Zeit, um zu erkennen, was Sie persönlich schaffen können. Und auch der Erfolg, der mit dem Erreichen des Ziels einhergeht, muss realistisch eingeschätzt werden. Erwarten Sie also gute Gefühle, aber nicht das Paradies auf Erden von der Erreichung des Ziels.

Passen Sie Ihre Ziele an die eigenen Möglichkeiten an.

Wie Sie auch Durststrecken überwinden – das Geheimnis der kleinen Schritte

Sie haben gelesen, dass Schwimmen gut ist für Körper und Gesundheit, und möchten nun gerne jeden Morgen 1000 Meter schwimmen. Doch Sie sind seit Ihrer Schulzeit nicht mehr geschwommen. Abgesehen vom gemeinsamen Plantschen mit Ihren Kindern im Nichtschwimmerbecken – und das ist auch schon wieder viele Jahre her – haben Sie überhaupt kein Schwimmbad mehr von innen gesehen. Und jetzt wollen Sie gleich mit 1000 Metern einsteigen? Akzeptieren Sie, dass das einfach unrealistisch ist. Fangen Sie also mit einer kürzeren Etappe an. Die Bahn in Ihrem Schwimmbad ist 50 Meter lang. Wenn Sie zum Beispiel mit vier Bahnen beginnen, dann sind das 200 Meter. Nach der zweiten Bahn machen Sie eine kurze Verschnaufpause. Eine solche Strecke schafft normalerweise jeder. Sie nehmen sich vor, jede Woche zwei Bahnen mehr zu schaffen. In zwei Monaten schwimmen Sie dann also Ihre 1000 Meter, und nach ein paar weiteren Wochen brauchen Sie auch keine Pausen mehr. Und selbst wenn Sie sich nur um eine Bahn pro Woche steigern, Sie werden bei 1000 Metern ankommen. Es ist nur eine Frage der Zeit.

Wenn Sie direkt am ersten Tag versucht hätten, die 1000 Meter zu schwimmen, hätten Sie spätestens nach der sechsten Bahn frustriert aufgegeben. Doch statt sich mit zu hoch gesteckten Zielen in eine garantierte Frustration zu manövrieren, haben Sie Ihr Ziel in kleine Schritte unterteilt. Es macht Spaß, jedes dieser gesetzten Ziele zu erreichen: »Großartig, jetzt habe ich schon 800 Meter an einem Stück geschafft!« Die Freude beim Erreichen jedes Teilziels ist der Motor für den jeweils folgenden Schritt. Immer wieder können Sie sich sagen: »Das bisschen schaffe ich jetzt auch noch.« So motivieren Sie sich selbst, gewinnen die Kraft zum Durchhalten und lassen den inneren Widerstand weiter sinken.

Wenn Sie sich ein großes Lebensziel setzen, zum Beispiel dass Sie Geschäftsführer, Vereinsvorsitzende, Hausbesitzer, Tennisprofi, Autorin oder sehr gute Tangotänzerin werden wollen, werden Sie viele Jahre brauchen, es zu erreichen. Gehen Sie solche Ziele genauso an wie das Ziel, 1000 Meter zu schwimmen. Um ein großes Ziel erreichen zu können, muss es heruntergebrochen werden auf eine Vielzahl von Teilzielen. Auch im Projektmanagement ist die Planung von Zwischenzielen Standard – hier heißen sie Meilensteine. Durch sie wird der Prozess in einzelne Schritte unterteilt. Ein jeder sollte in einer überschaubaren Zeit, vielleicht sogar innerhalb eines Tages, erreicht werden können. So verschaffen sich die an dem Projekt Beteiligten täglich das Gefühl »Ich habe es geschafft« – auch wenn es insgesamt vielleicht nur ein Tausendstel des gesamten Weges war, den sie an diesem Tag zurücklegen konnten.

Planen Sie Zwischenschritte ein, um ein großes Ziel zu erreichen.

Der Weg zur Zufriedenheit

Sie werden oft die Erfahrung gemacht haben, dass im Leben nur die allerwenigsten Dinge wirklich perfekt sind. Viele Menschen empfinden dies als steten Stachel – es könnte ja alles noch größer, schöner, besser sein.

Akzeptieren Sie auch das, was nicht vollkommen ist.

Glauben Sie mir: Es muss nicht immer perfekt sein, um zufrieden sein zu können. Akzeptieren Sie kleine Unvollkommenheiten, machen Sie Ihren Frieden mit ihnen. Mit Dingen zufrieden sein zu können, die nicht perfekt sind, ist eine Kunst, die Ihr Leben reicher und vollkommener macht. Das heißt nicht, dass Sie ständig aufgeben oder sich immer wieder abfinden sollen. Wenn Sie zu sehr zufrieden sind, werden Sie in Stillstand verharren. Seien Sie also mit dem heute Erreichten zufrieden, ohne darauf zu verzichten, morgen noch einen Schritt weiterzukommen.

Deshalb sollten Sie Ihre Ziele so wählen, dass sie die Frage beantworten: »Was brauche ich, um zufrieden zu sein?« und nicht »Was wäre perfekt?« oder »Was hätte ich gerne?« Und wenn Sie wissen, was Sie wirklich brauchen, dann sollten Sie auch dafür sorgen, dass Sie es bekommen. So kommen Sie auf dem Weg zur Zufriedenheit einen weiteren Schritt voran.

Zufriedenheit ist das oberste Ziel, nicht Glück. Denn Zufriedenheit ist ein Zustand, den Sie mit den richtigen Zielen und dem Willen, sie zu erreichen, erlangen können. Glück können Sie nicht lernen und auch nicht herbeizwingen, denn es ist immer nur ein vorübergehender Zustand, der einem unterwegs hin und wieder zustößt. Im Rückblick auf sein Leben sollte man sagen können, es war ein gutes Leben, ich bin zufrieden und denke gern an die glücklichen Momente.

Überprüfen, ob noch alles stimmt

Einen Haken gibt es noch: Auch wenn wir anstreben, uns die richtige Wahl unserer Ziele zu einer Gewohnheit zu machen, dürfen die Ziele selbst auf keinen Fall zur Gewohnheit werden. Dies ist ein feiner, in seiner Auswirkung jedoch sehr großer Unterschied!

Je häufiger wir üben, unsere Ziele realistisch und erreichbar zu wählen und dabei auch noch im Blick behalten, dass wir uns nicht überfordern, desto eher wird eine gute Gewohnheit daraus. Dann werden wir automatisch darauf achten, unsere Ziele nicht zu hoch zu stecken und auch Zwischenziele einplanen. Und wir werden weniger Fehler machen und weniger Enttäuschungen erleben. Zu überprüfen, ob wir noch auf dem richtigen Weg sind oder ob wir unser Ziel aus den Augen verloren haben, wird dann ebenfalls eine Gewohnheit geworden sein.

Machen Sie eine Gewohnheit daraus, sich sinnvolle Ziele zu setzen.

Doch die einzelnen Ziele, die Sie sich einmal gesetzt haben, dürfen nicht wie in Stein gemeißelt dastehen. Auch hier gilt wieder: Vertrauen Sie nicht ungesehen Ihren Gewohnheiten. Immer wieder können sich Ihre Wertvorstellungen ändern oder unvorhergesehene Hindernisse auftauchen. Dann müssen Ziele neu justiert werden oder gar durch neue Ziele ersetzt werden. In dem einen Augenblick spart man vielleicht noch für einen Porsche, dann begegnet einem der richtige Partner und das Ziel ist bald der geräumige Familienkombi. Seien Sie also aufmerksam und machen Sie sich immer wieder bewusst, was Ihnen wirklich wichtig ist.

11 Den Weg wählen –

wie Sie herausfinden, auf welchem Weg Sie Ihr Ziel erreichen werden

> »Sobald entschieden ist, dass etwas gemacht werden kann und soll, werden wir auch einen Weg dazu finden.«
>
> Abraham Lincoln

Stellen Sie sich vor, Sie möchten einmal in Ihrem Leben einen Fünftausender besteigen. Dieser Traum hat mit Ihrem jetzigen Alltag nicht viel gemeinsam. Sie verbringen Ihre Wochenenden zwar gerne in den heimischen Bergen, haben vielleicht auch schon einmal eine Gletscherüberquerung gewagt. Von der Bezwingung eines Fünftausenders trennen Sie aber noch Welten. Doch wenn Sie es wirklich ernst meinen, wenn Sie zu dem Schluss gekommen sind, dass Sie es schaffen können und wollen, dann ist aus dem Traumbild ein Ziel geworden. Emotional und intuitiv schätzen Sie Ihr Vorhaben als realistisch und erreichbar ein. Nun muss es an die Feinarbeit gehen.

Mit Ihrer ganzen Vorstellungskraft visualisieren Sie den Weg zu Ihrem Berg. Sie stellen sich die notwendigen Fragen: »Welcher Gipfel kommt in Frage? Bin ich trainiert genug? Wie und wo kann ich trainieren? Was brauche ich an Ausrüstung? Kann ich den Plan alleine durchführen? Mit wem will ich auf die Reise gehen? Wie werde ich das Abenteuer finanzieren?« Stück für Stück schaffen Sie so tragfähige Verbindungslinien zwischen Ihrem jetzigen Leben und Ihrem Ziel.

Ziel und Weg sind eng miteinander verzahnt

Es ist nicht so, dass wir unsere Ziele erreichen, indem wir die zwei Schritte »1. Ziel definieren und 2. den Weg dorthin finden« stur nacheinander abhaken. Weder das Ziel noch der Weg sind in Stein gemeißelt. Und das ist auch gut so. Denn dann würde jedes unerwartet auftauchende Hindernis und jede noch so kleine Abweichung vom Plan gleich das ganze Projekt zum Scheitern bringen. Und es gibt auch keine feste zeitliche Abfolge, in der wir erst das Ziel fixieren und uns anschließend daranmachen, den entsprechenden Weg festzulegen.

Wir müssen flexibel sein, um Ziele erreichen zu können. Während Sie Ihren Weg zum Fünftausender konkret ausarbeiten, teilweise wieder verwerfen und erneut planen, wird sich auch das Ziel selbst immer wieder an die Gegebenheiten anpassen müssen. Vielleicht hatten Sie ja zuerst einen Berg in Südostasien im Visier. Sie erfahren jedoch, dass die politische Lage dort auf absehbare Zeit instabil sein wird. Deshalb ändern Sie Ihren Plan und halten nach einem geeigneten Berg in Südamerika Ausschau. Oder Ihr Freund, der ursprünglich zugesagt hatte, das Abenteuer mit Ihnen zu bestehen, macht nun doch aus familiären Gründen einen Rückzieher. In solchen Fällen gilt es, Alternativen zu finden und die Planung neu auszurichten. Im Grunde wird es bis zum tatsächlichen Erreichen des Ziels immer wieder notwendig sein, korrigierend einzugreifen. So kann es durchaus passieren, dass Sie – nach Jahren aufwendiger Arbeit und Planung – noch am Tag vor der Gipfelbesteigung Ihren Weg an die veränderten Gegebenheiten anpassen müssen.

Um Ziele erreichen zu können, müssen Sie flexibel sein.

Das Ziel zu definieren und den Weg zu finden sind zwei unlösbar miteinander verzahnte Prozesse. In mehreren Rückkopplungsschleifen nähern sich Weg und Ziel zunehmend aneinander an. Nur wenn beides zusammenspielt, wird das Ziel erreicht.

Und auch der emotionale Aspekt und die analytische Herangehensweise gehen Hand in Hand. Eine Vision, ein emotional positiv besetztes Ziel wird erst dann erreichbar, wenn Sie einen realistischen Plan machen. Dieser Weg kann voller Hindernisse und schwer sein. Dennoch dürfen Sie nicht den Mut verlieren und aufgeben, sondern müssen immer wieder Ihr Ziel visualisieren und daraus Kraft schöpfen. So schaffen Sie es, Durststrecken zu überwinden und weiterzumachen. Sie bleiben auf diese Weise aber auch dem Realismus verhaftet und werden so immer sinnvolle Schritte unternehmen.

Das Rezept für den Erfolg besteht darin, zunächst über die positiven Seiten der Zielerreichung zu fantasieren und sich dann mit den Schwierigkeiten und Hindernissen der Realisierung zu beschäftigen. Entscheidend dabei ist, mit der positiven Fantasie zu beginnen, nicht mit den Hindernissen! Dieses ständige Pendeln zwischen motivierendem Ziel und nüchterner Realität, zwischen visionärem und rationalem Denken lässt uns unsere Ziele erreichen. Und indem wir unsere Ziele erreichen, werden wir im Leben erfolgreich.

Das Pendeln zwischen Vision und Realität macht uns erfolgreich.

Wie Sie Ihren Weg zum Ziel finden

Sie möchten Ihre gesamte Wohnung wieder auf Vordermann bringen. Aufräumen, putzen und vielleicht auch einiges umgestalten – da kommt eine Menge Arbeit auf Sie zu. Sie wissen, Ihr Ziel ist realistisch und auch erreichbar. Doch es gibt viele

Wege dorthin. Ein Aufräum- und Putzkommando zu engagieren wird wahrscheinlich an Ihrem Budget scheitern. Das Vorhaben, Ihr Ziel innerhalb eines Wochenendes zu erreichen, wird Sie – je nach Wohnungsgröße – vermutlich stark überfordern. Die beste Aussicht auf Erfolg bietet folgende Methode: Sie nehmen sich für jedes der folgenden Wochenenden genau ein Zimmer vor. Nicht mehr und nicht weniger. Dieses Vorgehen ist überschaubar und Sie haben mit jedem aufgeräumten Zimmer ein wunderbares Erfolgserlebnis. So sind Sie motiviert, sich am folgenden Wochenende auch wirklich das nächste Zimmer vorzunehmen.

Sie sehen: Das Ziel einer aufgeräumten Wohnung haben Sie unterteilt in einzelne Zwischenziele – jedes Zimmer ist ein Meilenstein in Ihrem Projekt. Gehen Sie nun daran zu überlegen, auf welchem Weg Sie Ihr erstes Zwischenziel erreichen werden. Planen Sie zum Beispiel, am Samstag zwischen 18 und 20 Uhr und sonntags nach dem Frühstück bis zum Nachmittag aufzuräumen. So bleibt immer noch Zeit genug, um sich nachmittags mit Freunden zu treffen, Sie versäumen Ihren Lieblingskrimi am Abend nicht und Sie können am Sonntag genüsslich ausschlafen.

Planen Sie mit genügend Zeitpuffer.

Ob Sie nun einen Fünftausender besteigen oder ein Zimmer aufräumen – im Prinzip sollten Sie immer dieselben Tipps beachten:

> *Machen Sie sich eine Liste, damit Sie immer die Kontrolle behalten.*
> Welche Art von Zielen wir uns setzen, hat sehr viel mit unserem Bauchgefühl zu tun und spiegelt eher unsere emotionale Seite wider. Um den Weg zum Ziel gut zu finden, brauchen wir jedoch neben der Technik des Visualisierens auch unsere analytischen Fähigkeiten. Hierfür bietet sich bestens die Technik des Aufschreibens an. Notieren Sie

also, was Sie brauchen und wie viel Zeit Sie sich für welche Teilaufgabe geben.
- *Seien Sie realistisch.*
Wie viel können Sie wirklich schaffen? Was ist für Sie machbar und was kann gar nicht funktionieren? Wo liegen Ihre Stärken und wo Ihre Schwächen? Denken Sie an das False-hope-Syndrom, das wir im letzten Kapitel kennengelernt haben (S. 127 f.). Die Erfahrung zeigt: Weniger ist mehr und sich nicht zu viel vorzunehmen ist eine Kunst. Wenn es gut klappt, können Sie ja immer noch eine Extra-Schicht fahren.
- *Planen Sie auch Pausen ein, um Unvorhergesehenes abfangen zu können.*
Vielleicht spielt das Wetter nicht mit oder Ihr Nachbar kommt zu einem Schwätzchen vorbei? Arbeiten Sie immer mit einem Zeitpuffer. Wenn Ihr Ziel zu eng gesteckt ist, sind Enttäuschungen vorprogrammiert. Laden Sie Ihre Freunde also nicht gleich für den Abend des letzten für die Aufräumarbeiten vorgesehenen Tages zum Essen ein, um ihnen die neue Wohnung zu zeigen. Damit setzen Sie sich nur unnötig unter Druck.
- *Übertreiben Sie es nicht mit der Planung.*
Manche Menschen wollen alles ganz genau durchplanen. Ihr Drang, auch noch das letzte Detail auszuarbeiten, kann so stark sein, dass sie vor lauter Planen gar nicht ins Handeln kommen. Das andere Extrem wird durch diejenigen verkörpert, die sich blauäugig in die Aktivität stürzen und sich dann später unter hohem Energieverbrauch aus dem Chaos wieder herauswinden müssen. Wählen Sie den Mittelweg: So viel Planung, dass Sie nicht den Überblick verlieren, und so wenig, dass es noch Spaß macht.

Losgehen

Sicher haben Sie bis heute auch schon Ziele erreicht, ohne sich den Weg dorthin zuvor bewusst zu überlegen. Warum sollen Sie sich also überhaupt diese Mühe machen? Es ist ganz einfach: Wenn Sie eine klare und konkrete Vorstellung von Ihrem Weg haben, dann steigt die Wahrscheinlichkeit deutlich an, dass Sie wirklich losmarschieren und sicher ankommen. Je präziser Sie Ihren Weg bereits im Kopf durchspielen, desto wahrscheinlicher wird es, dass Sie am Ende auch zum Ziel gelangen.

Wenn Sie eine klare Vorstellung vom Weg haben, werden Sie auch losgehen.

Meist wird nur von den Zielen gesprochen, aber die konkrete Handlungsabsicht ist genauso wichtig – und das ist nicht nur in der Politik so! Das Ziel kann noch so erstrebenswert sein, wenn Sie sich nicht auf den Weg machen, werden Sie niemals dorthin kommen. Ohne die Absicht, den ersten Schritt zu tun und den Weg zum Ziel zu gehen, ist jedes Ziel wertlos.

Eigentlich wollen Sie schon seit langem Ihr Auto entrümpeln und den Innenraum reinigen. In die Waschanlage fahren Sie zwar regelmäßig und an der Tankstelle benutzen Sie auch immer mal wieder den Staubsauger, doch in den Ablagefächern sieht es wüst aus. Leere Einkaufstaschen, Türschloss-Enteiser – es ist August! –, alte Notizzettel und Parkscheine, Kaugummis und vieles mehr liegen durcheinander. Auf den Armaturen und innen an den Scheiben hat sich ein grauer Film abgelagert. Mit den Sätzen »Morgen müsste ich mal ...« und »Am Wochenende könnte ich vielleicht ...« sind Sie in den vergangenen Monaten nicht weit gekommen.

Nein, Sie müssen es anpacken! Sich aufzuraffen kann aber ganz schön schwer sein. Stellen Sie sich also den Weg zum Ziel so präzise wie möglich vor. Was genau brauchen Sie? Einen Eimer mit warmem Wasser, einen Lappen, eine Tüte, in der Sie den gesamten Müll entsorgen können, einen Glasreiniger und so weiter. Das haben Sie alles daheim, Sie müssen noch nicht einmal einkaufen gehen. Indem Sie sich vorstellen, wie Sie diese Dinge zusammentragen, sie zum Auto bringen, alle Türen weit öffnen und die ersten alten Papiertaschentücher in die Mülltüte schmeißen, haben Sie bereits die erste Hürde genommen.

Manchmal hat man aber ein Ziel (Auto aufräumen), weiß genau den Weg dorthin (Putzmaterial zum Auto bringen und anfangen) – und trotzdem setzt man den Plan nicht um. In diesem Fall brauchen wir keinen Plan für die Ausführung, dann brauchen wir einen Plan für die Umsetzung.

Sie haben wahrscheinlich schon öfter Ihr Auto aufgeräumt, streng genommen haben Sie eine Gewohnheit. Und wie alle Gewohnheiten gibt es einen Auslöser für sie. Den müssen Sie in Ihre Überlegungen mit einbeziehen. Formulieren Sie ganz konkret: Wenn X passiert, dann werde ich Y machen. Wenn ich das nächste Mal durch die Waschstraße fahre, dann reinige ich anschließend den Innenraum meines Wagens.

Hindernisse

Wenn Sie 32 Mathematik-Klassenarbeiten bis morgen korrigieren wollen, dann ist es absehbar, dass nach spätestens zwei Stunden Ihre Lust auf dem Nullpunkt angekommen sein wird. Sie können also so lange durcharbeiten, bis Ihnen der Kopf platzt und Sie den Rotstift in die Ecke schmeißen. Die schlechte Laune werden Sie dann allerdings den Rest des Tages nicht mehr loswerden. Sie können aber auch einen Plan machen: Bereits bevor Sie mit der Arbeit beginnen, nehmen Sie sich vor, dass Sie nach genau zwei Stunden einen kleinen Spaziergang zum nächsten Bäcker machen und sich ein Stückchen Kuchen holen. Wieder zu Hause, machen Sie sich an die nächsten zehn Arbeiten, dann kochen Sie sich einen Kaffee oder Tee und genießen den Kuchen. Anschließend erledigen Sie den Rest der Arbeit. So ist der Riesenberg Arbeit von vornherein in übersichtliche Häppchen eingeteilt und ein Spaziergang sowie ein Stück Kuchen winken schon von weitem als Belohnung.

Abgesehen davon, dass Sie selbst immer wieder einen Ansporn brauchen werden, wird ein Weg zum Ziel nicht unbedingt hindernisfrei sein. Für jedes Hindernis, mit dem Sie rechnen müssen, sollten Sie auch eine Lösung finden, wie es überwunden werden kann. Fragen Sie sich also nicht nur, welche Schritte Sie gehen müssten. Fragen Sie sich auch, was Sie daran hindern wird, diese Schritte zu tun. Planen Sie mit ein, wie Sie diese Hindernisse überwinden oder umgehen können. Denn wenn der Weg schwierig wird, können Sie auch nicht viel Strecke machen. Dann müssen die einzelnen Wegstrecken entsprechend kürzer geplant werden. Oder zu einem anderen Zeitpunkt angegangen werden wie in dem folgenden Beispiel.

Je konkreter Sie die Schritte kennen, desto sicherer wird Ihr Weg sein.

Sie arbeiten in der Buchhaltung eines großen Unternehmens und beschließen, innerhalb einer Woche Ihr Büro wieder auf Vordermann zu bringen. Sie haben das realistisch durchgeplant, sich nicht zu viel vorgenommen. Trotzdem werden Sie scheitern, wenn Sie dieses Vorhaben in die letzte Woche des Monats legen. Da ist Monatsabschluss, eine Phase voller Hektik und gelegentlichen Überstunden. Da wird sich der Zustand des Büros eher verschlimmern. Erfolg werden Sie haben, wenn Sie Ihr Vorhaben auf eine relativ ruhige Woche verlegen.

Je klarer die Vorstellung, desto zuverlässiger die Umsetzung. Und je konkreter Sie die einzelnen Schritte kennen, desto überschaubarer und sicherer wird Ihr Weg sein. Durch das Wissen, dass Sie die Kontrolle haben, werden auch die Furcht und der Widerstand geringer werden, denn in Gedanken sind Sie den Weg ja schon längst gegangen.

Eines aber soll hier nicht vergessen werden: Die Situation bestimmt, wie detailliert unsere Pläne sein können. Eines der Themen, die mich mein Leben lang begleiten, ist die Herausforderung, mein Gewicht einigermaßen zu halten. Wenn ich mal wieder kürzer treten muss, dann schaue ich mir an, was die Ernährungsexperten denn so im Angebot haben. Da gibt es fertige Pläne für jede Mahlzeit für Wochen im Voraus. Sicher sehr gut, aber sie nützen mir nichts. Denn wenn ich in meinen Kalender schaue, dann sehe ich, wie oft ich im Hotel übernachten werde. Und dort bekomme ich nicht immer oder nur mit sehr großem Aufwand das, was die Pläne vorschreiben. Also ist mir klar, wenn ich mir einen solchen Plan vornehme, ist das Scheitern nur eine Frage der Zeit. Und wenn zwischendurch noch zwei Familienfeiern und das eine oder andere Essen mit Kunden oder Seminarteilnehmern stattfinden, weiß ich schon jetzt, was dann passieren wird.

Demnach kann der Vorsatz nur lauten: Prüfe bei jeder Mahlzeit, wo du etwas weglassen kannst! Darauf konzentriere ich mich, detaillierte Diätpläne passen nicht zu meiner Situation. Jeden Tag etwas weniger essen und sich etwas mehr bewegen, dass klappt bei mir ganz gut.

12 Los –
der erste Schritt

»Wege entstehen dadurch, dass man sie geht.«

Franz Kafka

Es tut sich was in Ihrem Leben. Sie haben einen neuen, besseren Arbeitsplatz gefunden und werden in Kürze von Hamburg nach Frankfurt umziehen. Auch eine Wohnung haben Sie bereits gemietet. Sie sind voller Vorfreude. Doch zunächst muss noch der Umzug bewältigt werden. Nur wenige Tage Zeit haben Sie dafür. Sie stehen in Ihrer alten Wohnung und schauen sich um. Mit einem Mal fühlen Sie sich völlig gelähmt: Wie sollen Sie das alles ganz allein schaffen? Es ist August und alle Ihre Freunde sind unterwegs. Die Umzugsfirma hat Ihnen bereits 80 Umzugskartons in Keller und Flur gestellt. Seit Tagen müssen Sie sich an ihnen vorbeischlängeln, wenn Sie abends nach Hause kommen. Mit den vielen »Eigentlich müsste ich jetzt …« und »Morgen sollte ich endlich mal …« sind Sie bis jetzt nicht weit gekommen.

Wenn Sie den Umzugstermin einhalten wollen, gibt es nur eine Möglichkeit: Anfangen, den ersten Schritt tun. Der Slogan eines bekannten Sportartikelherstellers bringt es auf den Punkt: »Just do it«. Sie nehmen sich also die erste Kiste vor, falten sie auf und legen die ersten Bücher hinein. Das ging doch eigentlich ganz schnell! Der Bann ist gebrochen, in zügiger Folge packen Sie die nächsten Kisten und nach kurzer Zeit sind bereits alle Bücherregale ausgeräumt. In der Abstellkammer stapeln sich die gepackten Kartons. Der Anblick motiviert Sie. Als Nächstes kommt das Schränkchen im Bad dran.

Und wo Sie schon mal dabei sind, packen Sie gleich auch noch den Inhalt der Küchenschränke ein. Und morgen früh kommt der Kleiderschrank dran ...

Nur wer startet, kommt ans Ziel

Mit kaum einem Thema haben sich Philosophen aller Zeiten und Kulturkreise so ausführlich auseinandergesetzt wie mit dem ersten Schritt. Von Laotse (»Eine Reise von 1000 Meilen beginnt mit dem ersten Schritt«) über Aristoteles (»Der Anfang ist die Hälfte vom Ganzen«) bis zu einer Fitnesszeitschrift unserer Zeit (»Das Schwierigste am Fünftausendmeterlauf sind die ersten 50 Zentimeter – mit dem Gesäß aus dem Sessel zu kommen«) – die Anzahl der einschlägigen Zitate ist unüberschaubar. Sie alle stellen fest:

Ohne den ersten Schritt kommt nichts in Bewegung.

> Ohne den ersten Schritt kommt nichts in Bewegung, und
> wenn der erste Schritt getan ist, und sei er noch so klein, ist bereits die größte Hürde überwunden.

Sie haben Ihr Gewohnheitstier angehalten und sich entschieden, nicht weiter auf dem ausgetretenen Pfad zu laufen. Und Sie haben Ihr neues Ziel gefunden, auf das Sie zusteuern wollen. Sie wissen auch, welchen neuen Weg Sie einschlagen müssen, um dorthin zu kommen. Nun geht es an die Umsetzung Ihrer Überlegungen – mit dem allerersten Schritt. Dies ist der magische Moment, der den Übergang vom Gedanken zur Tat markiert. Deshalb ist er so immens wichtig.

Warum ist es nur so schwierig, diesen ersten Schritt zu tun? Mit ihm verlassen Sie den gewohnten Pfad und schlagen einen neuen, noch unbekannten Weg ein. Und das verursacht Unsicherheit und Angst, denn man ist sich nicht ganz sicher, ob man es schaffen kann. Es ist eine Herausforderung, diesen Widerstand zu überwinden. Die Situation ist vergleichbar mit dem Verhalten einer Menschenmenge nach einem Unfall. Viele Menschen sind Zeugen des Geschehens, doch niemand greift ein. Erst wenn der Erste sich der Unfallstelle nähert, um zu helfen, setzen sich auch die anderen in Bewegung.

Zur Unsicherheit kommt oft hinzu, dass wir glauben, wir müssten die anstehende Aufgabe sofort als Ganzes erledigen. Wir haben keine Vorstellung davon, wie wir das alles schaffen sollen – und kapitulieren dann vor diesem Berg. Stellen wir uns den Berg als eine Abfolge von Schritten vor und konzentrieren uns nur auf den ersten, dann steigen unsere Chancen, es zu schaffen. Das Selbstgespräch sollte dann ungefähr so lauten: »Komm, mach doch wenigstens einen kleinen Schritt. Dann hast du etwas geschafft und den Rest machst du später.« Um den ersten Schritt in eine neue Richtung zu gehen, müssen wir gegen Widerstände und fehlende Motivation ankämpfen. Das kann eine Menge Energie verschlingen. Muss es aber nicht.

Mit dem ersten Schritt ist die größte Hürde überwunden.

Die Kunst der kleinen Schritte

Ein Projekt droht aus dem Ruder zu laufen. Die Aufgabenstellung erweist sich als unklar, die Mitarbeiter werkeln orientierungslos vor sich hin und wichtige Termine werden nicht eingehalten. Als Projektverantwortlicher dürfen Sie nicht zulassen, dass es so weitergeht. Allein diese Erkenntnis ist bereits ein erster Schritt. Sie entscheiden sich zu handeln. Gut so! Je eher Sie die Notbremse ziehen, desto weniger Zeit hat das Projekt, in eine wirklich bedrohliche Schieflage zu geraten.

Nun gilt es, auch Ihre Mitarbeiter ins Boot zu holen. Eine Möglichkeit ist es, zum Rundumschlag auszuholen und an alle Teammitglieder eine solche Mail zu versenden: »Jetzt machen wir alles anders, die Planung wird ganz neu aufgezogen.« Sie ahnen schon, die Begeisterung wird sich in Grenzen halten. Ganz im Gegenteil: Missgelaunt und auf Widerstand eingestellt werden sich die Mitarbeiter zum gemeinsamen Besprechungstermin einfinden. Sie werden Mühe haben, sie zu motivieren und den Projektablauf in neue Bahnen zu lenken. Denn der Schritt »alles auf den Kopf stellen« ist einfach zu groß. Niemand lässt sich gerne sagen, dass die Arbeit, so wie er sie bisher gemacht hat, unproduktiv war. Und Menschen sind nun mal lustlos, wenn es darum geht, neue Wege zu beschreiten.

Diesen Widerstand gegen das Neue können Sie minimieren, wenn Sie den ersten Schritt so klein wie möglich halten. Sie sagen also: »Wir sollten uns mal eine halbe Stunde gemeinsam hinsetzen. Mal schauen, ob alles so läuft, wie wir es geplant hatten.« Nun, sich zu einer Besprechung zu treffen ist ja nichts Furchterregendes. So bekommen Sie die Mitarbeiter an einen Tisch, ohne dass Ihnen von der ersten Minute an Wellen der Ablehnung entgegenschlagen. Wenn dieser erste kleine Schritt getan ist, der Bann gebrochen ist, dann ist der Weg frei für konstruktive Kritik am bisherigen Ablauf. Sie und Ihre Mitarbeiter werden motiviert daran arbeiten können, die bisherige Planung zu modifizieren. Am Ende werden Sie das Ruder herumgerissen haben, aber mit Verstand und Gefühl statt mit der Brechstange. Mit anderen Worten: energieeffizient und nicht mit maßloser Energieverschwendung.

Ist Ihnen einmal aufgefallen, wie viel Energie ein Mensch aufbringen kann, um eine Aufgabe zu vermeiden? Das ist erstaunlich, denn die Erledigung dieser Aufgabe würde ihn meistens viel weniger Energie kosten. Die Kunst des ersten Schrittes hilft uns, diese Energie nicht an Vermeidungsstrategien zu verschwenden, sondern sie für die eigentliche Aufgabe einzusetzen.

Den ersten Schritt möglichst klein zu wählen hat eine ganze Menge Vorteile:

1. Wenn er klein genug gewählt ist, brauchen Sie auch nur verschwindend wenig Energie, um ihn zu gehen. Das macht die erste Hürde leicht bezwingbar.
2. Indem Sie einen ersten, kleinen Schritt tun, erzielen Sie einen ersten, kleinen und vor allem schnellen Erfolg. Aus diesem ziehen Sie die Kraft und Motivation weiterzumachen. Die nächsten Schritte folgen dann fast von alleine.
3. Ein kleiner Schritt ist überschaubar. So türmt sich nicht die ganze Aufgabe wie ein großer Berg vor Ihnen auf.
4. Sie brauchen keine Angst vor dem Versagen zu haben. Sollte wider Erwarten doch etwas schiefgehen, war der Schritt immerhin so klein, dass Sie ohne Probleme einfach einen anderen ersten Schritt folgen lassen können.

Nehmen wir an, Sie haben klare Vorstellungen von Ihrem Ziel, ebenso klare Vorstellungen vom Weg dorthin, Sie haben einen festen Vorsatz gefasst, der Wille zum Handeln ist da. Das alles wird es Ihnen sehr erleichtern, ins Handeln zu kommen. Aber entscheidend ist dennoch der tatsächlich getane erste Schritt – er ist und bleibt das Tüpfelchen auf dem i des Willens.

Man hat einmal untersucht, wann eine Psychotherapie besonders wirksam ist, und kam zu einem überraschenden Ergebnis: Unabhängig davon, ob sich jemand für eine Verhaltens-, Gesprächs-, Gestalt-, psychoanalytische oder sonst eine Therapie entschied – allein der in

Im Ergebnis zählt nur, was Sie tun, nicht was Sie denken.

die Realität umgesetzte Entschluss, eine Therapie zu beginnen, war entscheidend! Sich aus der Passivität zu lösen, sich auf den Weg zu machen zu einem Ziel ist entscheidend. Meiner Meinung nach zählt im Leben letztendlich immer das, was man tut.

Wie man's macht

Alle Techniken, die Sie in diesem Buch kennengelernt haben, setzen voraus, dass Sie den jeweils ersten Schritt machen. Ob Sie visualisieren, etwas aufschreiben, hinschauen wollen – immer müssen Sie mit einem ersten Schritt beginnen. Ich möchte Ihnen im Folgenden ein paar Beispiele für die Vielfalt von ersten Schritten nennen und wie Sie diese möglichst klein wählen können:

> - Sie möchten samstags morgens vor dem Frühstück zum Schwimmen gehen. Doch draußen ist es noch kühl und im Bett so schön heimelig warm! Sie liegen unter der wärmenden Decke und überlegen: »Soll ich jetzt die Badehose aus dem Schrank holen?« Viel leichter ist es, wenn Sie alle Badesachen bereits am Abend zuvor gepackt haben und neben das Bett stellen. Dann müssen Sie sich nur noch die Tasche schnappen und losfahren.
> - Sie wollen regelmäßig nach der Arbeit joggen gehen. Dann hilft es, sich eben nicht vorzunehmen, abends 5 Kilometer zu laufen. Beschließen Sie, dass Sie abends, wenn Sie nach Hause kommen, das Sporttrikot und vor allem die Laufschuhe anziehen. Mehr nicht. Aber das reicht schon. Denn Sie werden sicher nicht mit den Laufschuhen an den Füßen im Flur stehen bleiben. Und der Schritt lässt sich sogar noch kleiner halten: Eine Teilnehmerin eines meiner Seminare erzählte mir, dass sie abends bereits in Jogginghose und Laufshirt schlafen geht. So muss sie morgens nur noch aufstehen und loslaufen.
> - Auf meinen Seminarreisen gehe ich möglichst regelmäßig ins Fitnessstudio. Ich will nicht behaupten, dass mir das nach einem Seminartag Spaß macht oder dass ich motiviert wäre. Also gehe ich aufs Zimmer, setze mich gar nicht erst hin, sondern sage zu mir: »Pack die Tasche und geh los. Du musst ja nicht lange bleiben, ein paar Übungen rei-

chen völlig.« Und dann gehe ich los. Wenn ich zurückkomme, dann habe ich immer das volle Programm gemacht und fühle mich wunderbar.
- Sie kommen mal wieder nicht dazu, den Lohnsteuerjahresausgleich zu machen? Dann nehmen Sie sich für den nächsten Abend vor, nur das Formular aus dem Schrank zu holen und Ihren Namen darauf zu schreiben. Legen Sie es anschließend wieder zurück?
- Sie möchten Ihren Schreibtisch im Büro aufräumen. Fangen Sie mit der kleinsten Schublade an.
- Das schmutzige Geschirr in der Küche nervt. Probieren Sie einmal aus, ob Sie es schaffen, Wasser ins Spülbecken laufen zu lassen und Spülmittel dazuzutun. Danach können Sie ja wieder zum Fernseher gehen. Passen Sie aber auf, dass Sie niemand beim Spülen erwischt.
- Es gibt Bücher, die Männern ganz coole Sprüche vermitteln wollen, mit denen sie bei der Kontaktaufnahme zum anderen Geschlecht Erfolg haben sollen. Doch sie sind aus meiner Sicht meist viel zu kompliziert und für Stresssituationen wenig geeignet. Es ist viel einfacher: Der erste kleine Schritt, um ein Gespräch in Gang zu bringen, ist das Wort Hallo! In Kombination mit einem freundlichen Gesicht reicht das nach meiner Erfahrung vollkommen aus.
- Wenn Sie ein Protokoll, einen Bericht, einen Vortrag vorbereiten – schreiben Sie einen ersten Satz hin! Das ist Ihr erster Schritt. Das Weitere folgt dann fast von alleine nach. Machen Sie es nicht wie die Schriftsteller, die jahrelang über dem perfekten Anfangssatz ihres Buches brüten können. Zur Not können Sie ihn ja später ersetzen – Hauptsache ist, Sie haben überhaupt angefangen.

Gemeinsam geht's noch leichter

Sie wissen ja schon, dass ich gerne mit meiner Frau Tango tanze. Nun finden die Tangoabende oft am Freitagabend statt – gerade an diesem Tag steckt uns die ganze Müdigkeit der vergangenen Woche in den Knochen. Oft entsteht dann folgender Dialog: »Gehen wir noch tanzen?« »Wenn du willst, dann gehe ich mit, und du?« »Wenn du willst, dann gehe ich mit.« Um 23 Uhr auf dem Sofa ärgern wir uns dann, dass wir nicht gegangen sind. Deshalb haben wir miteinander vereinbart, uns gegenseitig zu motivieren. Einer sagt dann zum anderen: »Komm, wir fahren jetzt mal hin und gucken, ob es uns gefällt. Und wenn es einem von uns beiden nicht gefällt, dann fahren wir sofort wieder nach Hause.« So lassen wir uns ein Hintertürchen offen. Mit der Abmachung, dass jeder von beiden das Recht hat, zur Heimfahrt auffordern zu dürfen, fällt es uns viel leichter, den ersten Schritt zu machen. Hat man erst einmal den Rucksack mit den Tanzschuhen in der Hand, geht alles seinen gewohnten Gang. Und sind wir im Tanzstudio angekommen, packt uns regelmäßig die Tanzlust. In all den Jahren sind wir kein einziges Mal wieder umgekehrt.

Sie werden sehen: Wenn Sie sich einen Ausstieg in Aussicht stellen, werden Sie ihn meist gar nicht benötigen. Kleine Tricks sind auch im Selbstgespräch erlaubt. Doch mit diesem Kniff wird die Hürde, überhaupt erst mal ins Handeln zu kommen, so niedrig, dass Sie sie leicht überwinden können.

Ein effektiver Trick, sich zum Anfangen zu bringen, ist auch, anderen etwas zu versprechen. Das regelmäßige Laufen klappt erfahrungsgemäß in einer Laufgemeinschaft viel besser. Wenn die Trainingspartner vor der Wohnungstür warten, wird es schwierig, sich aus dieser Verpflichtung herauszuwinden. Den Gedanken, mein erstes Buch zu schreiben, habe ich lange mit mir herumgetragen. Irgendwann sprach mich mein

Sohn darauf an. Da habe ich ihm versprochen, dass ich es bis zu seinem nächsten Geburtstag fertig habe. Danach gab es für mich kein Zurück mehr.

Kai-zen – jeden Tag ein bisschen besser

Wie oft geschieht es, dass ein Mitarbeiter einen kleinen Fehler entdeckt – ein ungenauer Strich in einer Konstruktionszeichnung, ein unleserlich gewordenes Etikett, ein fehlender Paragraf in einem Vertragswerk. Die Wahrscheinlichkeit ist hoch, dass er die Dinge mit einem »Dafür bin ich schließlich nicht verantwortlich«, »Ich will nicht als Besserwisser dastehen« oder »Ich habe selber schon genug am Hals« einfach weiterlaufen lässt. Der Schritt, seinen Kollegen oder Vorgesetzten zu informieren und auf den Fehler hinzuweisen, ist zu groß. Im Extremfall kann ein solches Verhalten immense Kosten verursachen.

Unternehmen, die genau dies verhindern wollen, machen es ihren Mitarbeitern leicht, diesen ersten Schritt zu gehen. In vielen produzierenden Unternehmen ist über jedem Arbeitsplatz die nach dem japanischen Manager Taiichi Ohno benannte Ohno-Schnur installiert. Sobald einem Arbeiter am Montageband die geringste Unregelmäßigkeit auffällt, zieht er an der leicht erreichbaren Schnur und bringt so das Band sofort zum Stoppen. An dieser Schnur zu ziehen kostet wenig Überwindung und ist der erste kleine Schritt zur nachhaltigen Behebung des Fehlers. **Es ist billiger, das Band anzuhalten.** Es ist weitaus effektiver, die Unregelmäßigkeit sofort zu bereinigen, als sie wieder und wieder zu begehen und erst später mit hohem Aufwand zu korrigieren.

Erfolgreiche Firmen haben viele Jahre, wenn nicht Jahrzehnte gebraucht, um hocheffizient zu werden. Das waren sie nicht von vorneherein. Nur indem sie eine Unternehmenskultur förderten, die immer wieder Verbesserungen zulässt, konnten sie sich entwickeln. *Kai-zen* ist das aus dem Japanischen stammende Schlüsselwort, »das Gute besser machen«. Wohlgemerkt: Etwas besser zu machen bedeutet nicht, dass es vorher unbedingt schlecht war.

Kai-zen ist das heimliche Motto dieses Buches. Denn die Mutter aller Gewohnheiten ist genau dies: Jeden Tag ein bisschen besser werden. Jeden Tag einen kleinen Schritt zur Verbesserung machen. Wenn Sie sich dies zur Gewohnheit machen, dann überlisten Sie Ihre anderen Gewohnheiten. Ein kleiner Schritt der Veränderung kostet nicht viel Kraft und löst wenig inneren Widerstand aus. Vollführt man ihn oft genug, dann werden Sie einen weiten Weg zurückgelegt haben. Man kann Kathedralen aus Ziegelsteinen bauen. Nehmen Sie sich also vor, jeden Tag einen kleinen Schritt zu tun, um besser zu werden.

Sich an kleine Schritte gewöhnen und Pausen machen

Wenn Sie bei Ihrem Ritt auf dem Gewohnheitstier die Richtung vorgeben wollen, dann müssen Sie auch die Kunst der ersten, ganz kleinen Schritte beherrschen. Alle Techniken, die in Teil II und III dieses Buches behandelt wurden, setzen voraus, dass Sie den jeweils ersten Schritt machen. Das kann man trainieren. Einige Menschen machen das intuitiv oder haben es mit der Erziehung mitbekommen, andere müssen es noch als Erwachsene lernen. Machen Sie es sich zu einer guten Angewohnheit und zu einer inneren Grundhaltung, sich immer wieder zu einem ersten kleinen Schritt zu ermutigen.

Indem Sie sich an kleine Schritte gewöhnen, ändern Sie gleichzeitig auch Ihre innere Einstellung. Denn kleine Schritte sind meistens erfolgreich, und mit der Zeit werden Sie sich automatisch eine optimistische Grundhaltung aneignen. Denn wenn die Rückschläge ausbleiben, dann heißt es auch nicht mehr »Das wird ja sowieso nicht klappen«. Und je öfter Sie die Erfahrung machen, dass Ihnen wieder ein Schritt gelungen ist, desto größer wird Ihr Vertrauen zu sich selbst.

Das gilt auch für Menschen im fortgeschrittenen Alter, so wie es ich einer bin. Nicht alles geht so wie früher, aber mich motiviert immer wieder ein Satz von Martin Buber: »Alt sein ist ja ein herrliches Ding, wenn man nicht verlernt hat, was anfangen heißt.«

13 Achtsamkeit –

wie Sie verhindern, in alte Muster zurückzufallen

> »Achtsamkeit ist der Schlüssel.
> Mit Achtsamkeit kommt die Kontrolle!«
>
> *Robert E. Thayer*

Alte Gewohnheiten sind zäh, man wird sie nur schwer wieder los. Auch wenn Sie denken, sie längst überwunden zu haben, lauern sie noch lange Zeit darauf, sich durch ein Hintertürchen zurückstehlen zu können. Und oft genug schaffen sie es. Nur einen Moment lang nicht aufgepasst – und schon hat das längst vergessen geglaubte Handlungsmuster es sich wieder auf seinem alten Platz gemütlich gemacht. Erst wenn es zu spät ist, wenn die Tafel Schokolade schon zur Hälfte aufgegessen, die Zigarette bereits angezündet oder der Fernseher seit zwei Stunden eingeschaltet ist, fällt es Ihnen wieder ein: »Jetzt habe ich schon wieder …« und »Eigentlich wollte ich doch gar nicht …«. Sie haben eine Abweichung von Ihrem geplanten Weg erst bemerkt, als es zu spät war. Das ist wirklich frustrierend! Um es erst gar nicht so weit kommen zu lassen, sollten Sie Gegenmaßnahmen ergreifen.

Neue Gewohnheiten müssen immer wieder verteidigt werden.

Gewohnheiten zu ändern kostet Kraft

Unsere Gewohnheiten sind unsere Energiesparer. Doch manchmal ist es notwendig, sich von alten Gewohnheiten, die nicht mehr in Ihr Leben passen, zu verabschieden. Wir sparen nur vermeintlich Energie, wenn wir den alten Gewohnheiten folgen, wenn wir den Weg des geringsten Widerstandes gehen. Denn wir zahlen einen Preis dafür. Wenn Sie wieder mal einige Tage lang im Büro nicht auf die Ordnung geachtet haben, nicht alles immer an seinen Platz, sondern irgendwohin gelegt haben, dann ist wieder eine Aufräumaktion fällig. Die kostet Zeit, Kraft und Nerven.

Doch auch eine alte Gewohnheit abzulegen und durch eine neue Verhaltensweise zu ersetzen kostet Kraft – und das gleich in dreifacher Hinsicht:

1. Einmal fällt die Energieersparnis weg, die Sie durch die alte Gewohnheit erzielen konnten. Erst wenn das neue Muster sich zur Gewohnheit entwickeln konnte, kommen Sie wieder in den Sparmodus. Diese Durststrecke müssen Sie einfach überwinden. Weil das anstrengend sein kann, sollten Sie möglichst nicht an mehreren Gewohnheiten gleichzeitig arbeiten.
2. Allzu leicht schleichen sich die alten Gewohnheiten wieder ein. Deshalb müssen die neuen Muster immer wieder gegen sie verteidigt werden – auch das ist anstrengend. Doch es gibt eine ganze Reihe an Möglichkeiten, es sich einfacher zu machen. Dazu erfahren Sie weiter unten mehr.
3. Wenn eine vermeintlich abgelegte Gewohnheit es erst mal wieder zurück auf ihren alten Platz geschafft hat, dann braucht es doppelte Energie, um sich noch einmal aufzuraffen und nicht zu resignieren. Am besten lassen Sie es also gar nicht erst so weit kommen.

Sie sehen die Zwickmühle: Um Energie zu sparen, müssen Sie zunächst einmal Energie aufwenden. Doch es lohnt sich! Akzeptieren Sie, dass das zuweilen etwas schwierig ist. Hören Sie auf, sich darüber zu ärgern, sondern nutzen

Sie effiziente Strategien, um es sich einfacher zu machen. Wenn der Widerstand erst einmal überwunden ist, dann können Sie es sich mit der neuen, passenden Gewohnheit wieder gemütlich machen.

Achtsam sein, wenn's zu routiniert wird

Weil Gewohnheiten automatisch ablaufen, ist es nicht so leicht, sich aus diesem Automatismus zu verabschieden. Das schaffen Sie nur mit Achtsamkeit und Selbstdisziplin. Achtsamkeit lässt Sie einen drohenden Rückfall rechtzeitig erkennen und Selbstdisziplin sorgt dafür, dass Sie die neue Gewohnheit weiter durchsetzen. So werden alte Gewohnheiten ferngehalten und die neuen geschützt.

Doch niemand kann rund um die Uhr diszipliniert sein. Wie ein normaler Muskel ermüdet auch die Selbstdisziplin. Wenn Sie müde oder gestresst sind, fehlt Ihnen auch hierfür die Kraft. Gerade am Ende eines langen Tages sind die Energiereserven aufgebraucht. Dann kommt die Stunde der alten Gewohnheiten, zum Beispiel auch der alten Essgewohnheiten.

Wenn Sie abnehmen wollen, sind die Abendstunden die gefährlichste Zeit. Deshalb scheitern die meisten Diäten abends. Denn sinkt der Blutzuckerspiegel zu sehr, ist es – schon aus rein physiologischen Gründen – mit der Selbstkontrolle und der Aufmerksamkeit schnell vorbei. Mentale Müdigkeit gibt Ihnen dann den Rest. Noch dazu wollen Sie, um Ihre Energiereserven schnell wieder aufzufüllen, umgehend Nahrung aufnehmen. Eine doppelte Versuchung also, nach fettem Essen oder einer Tafel Schokolade zu greifen. Das kann so weit gehen, dass Sie sich abends einreden, Sie müssten sich dafür belohnen, dass Sie den ganzen Tag so tapfer durchgehalten haben – mit etwas Sü-

Die meisten Diäten scheitern abends.

ßem. Eine paradoxe Vorstellung! Und das alles nur, weil Ihrer Disziplin die Puste ausgeht!

Es ist sicher kein Zufall, dass Menschen, die sich qualitativ schlecht ernähren, meist auch unter mangelnder Selbstdisziplin leiden. So haben sie keine Möglichkeit, ihre Gewohnheiten an ihr Leben anzupassen. Und auch die Erkenntnis, dass sie sich gesünder ernähren müssten, kann nicht umgesetzt werden. Immer wieder fallen sie in die alten Ernährungsgewohnheiten zurück.

Essgewohnheiten gehören zu den Gewohnheiten, die wir am allerschwersten ändern können. Denn wir haben sie ja schon ein Leben lang! Und mehrmals täglich kommen sie zum Zuge. Was so eingefahren ist, lässt sich nur mit großem Einsatz umdrehen.

Wie Sie alte Muster verabschieden und Freiheit gewinnen

Jeder erlebt es mal, dass er zu sich selbst sagt, jetzt hast du doch wieder falsch reagiert. Man ist wieder einmal auf die Palme geklettert, ist laut geworden, hat etwas gesagt, was man besser nicht gesagt hätte. Stress ist eine Reaktion auf Gefahr, alles in uns wird aufs Handeln ausgerichtet. Angreifen oder Weglaufen, dass sind die Alternativen. Wir handeln dann im wahrsten Sinne des Wortes gedankenlos, fahren aus der Haut. Solche Reaktionsmuster loszuwerden ist nicht leicht, aber es geht. Voraussetzung ist, dass man von gedankenlos bzw. von achtlos auf achtsam umschaltet und Alternativen zur Verfügung hat.

Wie kommt man von dem alten zum neuen Muster? Zusammengefasst sieht das Vorgehen so aus:

1. Beobachten Sie das Auftreten der Gewohnheit und stellen Sie fest, wie oft Sie ihr folgen (schreiben Sie es auf).

2. Machen Sie sich bewusst, an welche Ereignisse das unerwünschte Verhalten gekoppelt ist (Auslöser, Trigger).
3. Entwickeln Sie ein Stopp-Ritual.
4. Ersetzen Sie das unerwünschte Verhalten durch eine Handlung, die mit ihm unvereinbar ist – machen Sie den ersten Schritt dahin.
5. Wiederholen Sie dieses Verfahren so lange mit einer Angewohnheit, bis die Gewohnheit dauerhaft unterbrochen ist.

Ziel ist es, das neue Verhalten zumindest so oft zu praktizieren, dass es gleichberechtigt neben der alten Gewohnheit steht. Dann besteht immer die Möglichkeit, sich für die eine oder die andere Richtung zu entscheiden, die Freiheit zurückzugewinnen.

Ein Kollege von mir fragte mich einmal um Rat. Er trinkt jeden Abend zum Essen ein Glas Wein. Seit einiger Zeit wird es auch mal ein zweites. Das passiert immer öfter und er macht sich Sorgen, dass es zur Gewohnheit wird. Was tun? Ich habe ihm empfohlen, sich anzuschauen, wie die Vorbereitung auf das Abendessen läuft. Wie kommt der Wein auf den Tisch, wie die Flasche, wie das Glas. In der nächsten Zeit soll er nun trainieren, genau in diesem Moment, wenn er nach der Flasche oder dem Glas greifen will, Stopp zu sagen und ein großes Glas mit einem alkoholfreien Getränk auf den Tisch zu stellen. So löscht er seinen Durst und hat den Automatismus unterbunden.

Für den Moment des Stopp-Sagens ist es natürlich hilfreich, wenn er die Weingläser bzw. die Flasche an einem neuen Ort lagert. So geht der bisher gewohnte Griff, das Glas aus dem Schrank zu holen, schon ins Leere. Er kann auch ein Stoppschild an den Gläsern befestigen. Das sieht seltsam aus? Erinnern Sie sich an die Geschichte mit der jungen Frau, die 100.000 Euro verpasst hatte (Kapitel 4)? Ein einfacher Zettel am Telefon hätte ihr das Geld gebracht. Haben Sie also keine Hemmung, ungewöhnliche Stopptechniken einzusetzen, wenn Sie etwas ändern wollen.

Ziel der Aktion ist es nicht, mit dem Weintrinken aufzuhören, sondern abends wieder gelassen entscheiden zu können: Trinke ich heute Wein oder Apfelschorle? Dann wird aus dem Genuss keine Abhängigkeit.

Zu merken, dass man gerade wieder nach einem Glas Wein greifen will, ist relativ einfach. Schwieriger wird es bei der Frage »Wie merke ich, dass ich wieder so gereizt bin, dass ich bei nächster Gelegenheit überreagiere?«. Oder »Wie merke ich, dass ich mich wieder mit allem Möglichen beschäftige, nur nicht mit den wirklich wichtigen Dingen?«. Oder »Wie merke ich, dass ich mich wieder bei einem Kollegen festrede?«. Nicht immer kann man einen Zettel anbringen oder einen Knoten ins Taschentuch machen. Es gilt, die Fähigkeit zu entwickeln, möglichst vor dem Auslösen einer unerwünschten Gewohnheit wahrzunehmen, dass es bald wieder so weit ist. Sie brauchen eine Art Frühwarnsystem, das Sie zumindest in die Lage versetzt, rechtzeitig Stopp zu sagen. Es kommt darauf an, sich mehr Achtsamkeit zur Gewohnheit zu machen.

Achtsamkeit ist nicht anstrengend

Achtsamkeit ist nicht das Gleiche wie Konzentration. Konzentrieren heißt, den Blick einengen, ihn fokussieren auf einen bestimmten Aspekt. Unsere Aufmerksamkeit arbeitet wie ein Scheinwerfer, der sein Licht bündelt. Das kostet Kraft – konzentrieren können wir uns ca. 60 bis 90 Minuten, dann lässt die Aufmerksamkeit nach.

Achtsamkeit heißt, seinen Blick weiten, vom Teleobjektiv auf Weitwinkel umzustellen. Wer eine Landschaft als Ganzes wahrnimmt, wird zum einen ihre Schönheit intensiver erleben. Zum anderen kann man dann viel besser entscheiden, auf welchen Teil zu konzentrieren es sich lohnt. Achtsamkeit richtet sich in zwei Richtungen: Einerseits nach außen, um mehr von der Welt wahrzunehmen, um die äußeren Gefahrensignale besser zu erkennen. Andererseits nach innen, um mehr von sich selbst wahrzunehmen, um die inneren Vorboten von risikoreichen Situationen zu spüren.

Achtsamkeit kann man trainieren

Sie haben sich entschlossen, die Muskelentspannung nach Jacobson zu trainieren. Dabei werden Sie regelmäßig aufgefordert, sich vorzustellen, wie sich ein bestimmter Muskel anfühlt, dann sollen Sie ihn anspannen, anschließend loslassen, schließlich sollen Sie nachspüren, wie er sich anfühlt, wenn er entspannt ist. Das heißt, während der Übung ist Ihre ganze Aufmerksamkeit bei diesem Muskel. Wenn Sie das regelmäßig tun, wird es Ihnen nicht nur immer besser gelingen, den Muskel zu entspannen. Sie werden auch sehr viel früher spüren, wenn er beginnt, sich zu verspannen. Ohne dass Sie sich bewusst darauf konzentriert hätten. Vielleicht kann man sich diesen Effekt so vorstellen, dass während der Übungsphase die Leitungen zwischen Ihren Muskeln und der Wahrnehmungszentrale in Ihrem Gehirn immer leistungsfähiger wurden. Dort ist das Bild Ihres entspannten Muskels abgespeichert. Sowie die eingehenden Meldungen mit diesem Bild nicht mehr übereinstimmen, werden Sie informiert. Selbst kleinste Störungen bemerken Sie sofort und können sie mit geringem Aufwand beheben.

Einer der besten Wege, Ihre Achtsamkeit nach innen zu verfeinern, Ihr Körpergefühl zu verbessern, ist der Sport. Ein weiterer ist natürlich die Entspannung, also aus der Spannung zu gehen. Mein Weg besteht aus einer Kombination von Muskelentspannung und Tanzen. Letzteres hat vor allem bewirkt, dass ich meine Körperhaltung fast unbewusst korrigiere, wenn ich mich mal wieder »hängen lasse«. Auch das Selbstgespräch ist hilfreich. Machen Sie eine Pause und lassen Sie sich mal von Ihrem inneren Freund nach Ihrem Befinden fragen.

Die Achtsamkeit nach innen sollte sich nicht nur auf den Körper, sondern auch auf Ihre Gedanken und Gefühle richten. Voraussetzung ist auch hier Entspannung. Aus der Spannung gehen bedeutet immer, geistig das Weitwinkelobjektiv zu nutzen, die Dinge möglichst ganzheitlich zu sehen. Der Königsweg zu hoher Achtsamkeit ist die Meditation.

Auch beim Blick auf die Welt sollten Sie regelmäßig das Weitwinkelobjektiv nutzen. Trainiert man diesen Blick, so wird gleichsam Ihre Standardeinstellung immer offener werden. Von einer hohen, anstrengungslosen Achtsamkeit aus können Sie sich dann gezielt konzentrieren. Ein Weitwinkel bedeutet, die Aufmerksamkeit auf die Gegenwart zu richten, im Hier und Jetzt zu sein. Es heißt nicht, fünf verschiedene Dinge auf einmal zu tun. Multitasking ist das Ende der Achtsamkeit. Machen Sie einmal einen 15-minütigen Spaziergang durch Ihre Nachbarschaft. Versuchen Sie, Ihre Umgebung mit allen Sinne wahrzunehmen. Was fällt Ihnen auf? Was ist besonders Schönes zu sehen? Wo müsste etwas getan werden? Sie werden erstaunt sein, was man alles entdeckt, wenn man nicht unachtsam, gedankenlos umherläuft.

Das achtsame Gewohnheitstier

Achtsames Gewohnheitstier, ein Widerspruch? Ganz und gar nicht. Vielleicht sitzen Sie seit Jahren beim Abendessen immer auf dem gleichen Stuhl. Setzen Sie sich beim nächsten Mal auf einen anderen. Beobachten Sie, wie sich das anfühlt und wie die anderen reagieren. Wenn Sie das regelmäßig machen, dann bleibt das Abendessen eine Gewohnheit, aber beim

Gang zum Tisch wird sich Ihr Gewohnheitstier melden: Wo sitzen wir heute? Wenn es drei Wege gut kennt, dann wird es gelassen Ihrer jeweiligen Entscheidung folgen. So haben Sie die Stabilität der Gewohnheit, ohne Ihre Flexibilität aufzugeben. Sie können sich auf Ihr Gewohnheitstier verlassen, behalten aber die Kontrolle.

Es gibt ein Reiseunternehmen, bei dem die Reisenden jeden Tag auf einem anderen Platz im Bus sitzen. Das irritiert zu Beginn, aber man gewöhnt sich daran. Und dann genießt man die Vorteile der Flexibilität. Jeder hat mal einen guten oder weniger guten Sitz, es geht gerecht zu. Und man lernt alle Mitreisenden auf unkomplizierte Art kennen, kommt mit jedem ins Gespräch. Nehmen Sie Ihr Gewohnheitstier mit auf Ihre Lebensreise, indem Sie es immer wieder mal etwas anderes machen lassen.

Gelassenheit trainieren

Geduldiger und gelassener zu werden ist ein langer und oft genug mühsamer Prozess. Wenn Ihnen Ihre Ungeduld manchen Streich spielt, dann hilft Ihnen folgendes Programm. Indem Sie systematisch in kleinen Schritten vorgehen, kleine Erfolge anstreben, werden Sie mit etwas Geduld Gelassenheit zur Gewohnheit machen können. Beginnen Sie Ihr Geduldstraining in ganz alltäglichen und kleinen, ja vielleicht banal erscheinenden Situationen, in denen Sie leicht ungeduldig werden, wie zum Beispiel:

Geduldig wird man nicht über Nacht.

> Die Menschen vor Ihnen gehen Ihrer Meinung nach nicht schnell genug.
> Die Internetverbindung baut sich nur schleppend auf.
> Die Teilnehmer eines Meetings kommen nach Ihrer Meinung nicht zum Punkt.

- Ein Autofahrer biegt nicht schnell genug ab.
- Ihre Internetverbindung ist viel zu langsam.
- Die Kaffeemaschine braucht viel zu lange .

Schritt 1
Stellen Sie sich Ihrer Realität, machen Sie ein Brainstorming in Sachen Ungeduld und erstellen Sie eine Liste Ihrer ganz persönlichen alltäglichen »Ungedulds-Auslöser«. Suchen Sie nach den Knöpfen, auf die man drücken muss, um Sie auf die Palme zu bringen.

Schritt 2
Wählen Sie einen oder zwei ganz konkrete Auslöser aus, mit denen Sie Ihr Training beginnen wollen. Das ist viel besser, als sich nur allgemein vorzunehmen, geduldiger zu werden.

Schritt 3
Gehen Sie in der Erinnerung Situationen durch, in denen dieser Auslöser prompt funktioniert hat. Spielen Sie solche Episoden gedanklich durch und machen Sie sich klar, wie wichtig oder unwichtig der Grund für Ihre Ungeduld war. Im Rückblick sieht man manches gelassener. Machen Sie sich aber deswegen keine Vorwürfe, akzeptieren Sie die Realität. Statt mit sich selbst zu schimpfen (»Du bist doch verrückt, dich darüber aufzuregen«), sollten Sie zum Beispiel zu sich selbst sagen: »An dieser Stelle kann ich noch nicht ruhig bleiben. Das will ich ändern.« Motivieren Sie sich selbst, eine Veränderung in Angriff zu nehmen.

Schritt 4
Entspannen Sie sich und stellen Sie sich vor Ihrem geistigen Auge vor, wie Sie wieder in eine dieser typischen Situationen geraten und wie Sie dann ganz ruhig reagieren. Entwickeln Sie eine ganz konkrete, möglichst detaillierte Vorstellung davon,

wie Sie sich verhalten, planen Sie das neue Verhalten. Gehen Sie diese Vorstellung immer wieder in allen Details durch, führen Sie sich Ihren Plan immer wieder vor Augen. Mit diesem mentalen Training verankern Sie Ihre Handlungsabsicht im Gehirn.

Bauen Sie in Ihren Plan einen Stoppmechanismus ein. Überlegen Sie, wie Sie an der kritischen Stelle sich selbst so weit stoppen können, dass anstelle der Erstreaktion Ungeduld die Zweitreaktion Geduld zutage tritt. Solch ein Mechanismus kann darin bestehen, dass Sie zu sich selbst sagen »Das ist ja interessant« oder »Ganz ruhig, langsam« oder »Na, willst du mal wieder auf die Palme?«, oder Sie bauen eine kleine Entspannungsphase ein, indem Sie ein paar Mal tief durchatmen. Manchmal hilft auch eine Ersatzhandlung wie etwas trinken, sich wieder gerade hinsetzen usw. Alles, was Sie auf Distanz zu dem Auslöser bringt, ist gut.

Versuchen Sie während Ihres mentalen Trainings besonders diese Stoppphase sehr intensiv zu visualisieren. Gut ist es auch, wenn Sie irgendwo einen sichtbaren Hinweis anbringen können, zum Beispiel ein Stoppschild auf das Armaturenbrett Ihres Autos, am Telefon oder der Ausgangstür Ihres Büros.

Schritt 5
Üben Sie, denn nur das Handeln bringt auf die Dauer die gewünschte Änderung der Gewohnheit. Setzen Sie sich bewusst

solchen Ungeduld auslösenden Situationen aus und bewältigen Sie diese. Mit jedem Erfolg wird es besser, vor allem werden Sie immer früher spüren, dass es wieder »kritisch« wird, Sie werden Ihre Achtsamkeit auf diesem Gebiet deutlich steigern. Ihr Gewohnheitstier lernt einen neuen Weg.

Irgendwann können Sie dann zu sich selbst sagen: »Hallo, Ungeduld, bist du auch mal wieder da?« Dann beherrscht die Ungeduld nicht mehr Sie, sondern Sie betrachten sie als einen Teil von sich, der zwar da ist, aber nicht bestimmt, wie Sie handeln.

Versuchen Sie immer eine Haltung der Akzeptanz einzunehmen. Klappt es mal nicht, dann versuchen Sie es erneut, denken Sie stets an die Situationen, in denen es gut ging. Wenn es nicht gut ging, dann ging es eben noch nicht gut. Bemühen Sie sich immer um positive Selbstgespräche.

Bauen Sie zwischendurch immer wieder Phasen ein, in denen Sie das neue Verhalten mental trainieren. Bleiben Sie realistisch, geben Sie sich Zeit. Nicht empfehlenswert ist der Weg eines Ungeduldigen, der abends wie folgt betete: »Herr, gib mir Geduld. Aber bitte sofort!«

IV Reite los und halte das Tier in Bewegung

Wie Sie Tag für Tag etwas Gutes noch besser machen können

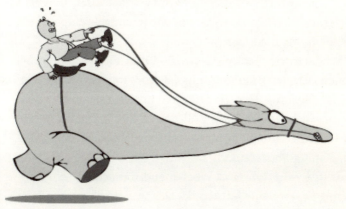

14 So machen Sie sich das Anfangen zur Gewohnheit

»Die einzige Freude auf der Welt ist das Anfangen.
Es ist schön zu leben, weil leben anfangen ist,
immer, in jedem Augenblick.«

Cesare Pavese

Ein großer Verlag hat sich entschlossen, auf ein neues Betriebssystem umzustellen. Auf Wiedersehen, Windows! Alle Abteilungen sind betroffen. Lange Jahre haben sich alle, vom Vorstand bis zum Aushilfsstudenten, an die Anwendungsprogramme gewöhnt, sie sind ihnen längst in Fleisch und Blut übergegangen. Und nun wird alles wieder umgekrempelt, kein Stein bleibt mehr auf dem anderen!

Schauen wir mal bei Herrn Frei und Frau Krust vorbei (Namen geändert), keine vierzig Jahre alt und arbeiten in der Personalabteilung. Herr Frei ist offen für Neues, in seiner Mittagspause geht er gerne mit Kollegen zu Fuß in die Stadt; gestern waren sie in einem marokkanischen Restaurant. Er hat kein Zeitungsabo, sondern kauft sich am Kiosk das, was ihn gerade interessiert. Letztes Wochenende besuchte er ein Konzert mit experimenteller Musik. Das war für ihn ein totaler Reinfall, aber er hat es gelassen bis zur Pause ausgehalten und es anschließend noch in die Spätvorstellung eines alten Schwarzweiß-Klassikers im Programmkino geschafft.

Frau Krust dagegen macht alles gerne so, wie sie es immer tut – jede Abweichung ist ihr ein Gräuel. Sie trägt am liebsten dunkelblaue Kostüme, böse Zungen behaupten, in ihrem Schrank hingen fünf gleiche nebeneinander. Jeden Mittag geht sie um Punkt zwölf Uhr mit den beiden Damen aus der Rechtsabteilung in die Kantine, und wehe, ein Unwissender hat sich aus Versehen an ihren angestammten Platz gesetzt! Wenn es mal wieder Wiener Schnitzel gibt, freut sie sich besonders. Seit Jahren fährt sie in denselben Urlaubsort. Mit Schrecken erinnert sie sich an die Umstellung ihres Arbeitsplatzes auf Computer – und das ist immerhin schon über 15 Jahre her.

Was glauben Sie, wer von den beiden wird monatelang nicht schlafen können?

Gewöhnen Sie sich an, immer wieder neu zu beginnen

Ein Leben verläuft nicht statisch, heute noch weniger als noch vor einigen Jahrzehnten. Sowohl Sie selbst als auch Ihre Umwelt verändern sich. Vielleicht sind Sie unzufrieden mit bestimmten Bereichen Ihres Lebens, möchten ihm eine neue Richtung geben. Oder die Voraussetzungen an Ihrem Arbeitsplatz ändern sich. Gut, dass Gewohnheiten nicht in Stein gemeißelt sind: Sie können sie nutzen und Sie können sie auch ablegen. Das haben Sie in den vergangenen Kapiteln gesehen. Bis jetzt ging es für Sie darum zu erkennen, welche Gewohnheiten gut und welche schlecht für Sie sind. Und darum, wie Sie sich erfolgreich von alten Gewohnheiten lösen und sie durch bessere ersetzen. Indem Sie Ihre Gewohnheiten bewusst und selektiv ein- und auch wieder absetzen, haben Sie es geschafft, das Erfolgsmodell Gewohnheiten weiterzuentwickeln. Sie sind anpassungsfähig und profitieren schneller wieder von Gewohnheiten.

Nun gehen Sie noch einen Schritt weiter, nun greifen Sie nach der Meisterschaft im Umgang mit Ihren Gewohnheiten:

Wie wäre es, wenn Sie sich das Neuanfangen selbst zur Gewohnheit machten? So widersprüchlich es auch klingt: Immer wieder neu zu beginnen, einen ersten Schritt zu wagen, können Sie zur Gewohnheit machen. Dann sind Sie nicht wie ein Ersatzspieler, der auf der Bank sitzt und nur im Notfall auf den Platz geschickt wird. Dann sind Sie Stammspieler! Sie sind trainiert, Ihre Muskeln sind warm, Sie brauchen keine Anlaufzeit, um beweglich zu werden. So sind Sie in der Lage, sich auf Änderungen in Ihrer Umgebung noch schneller einzustellen, und so wird Ihnen das Annehmen neuer Gewohnheiten sehr leichtfallen.

Trainieren Sie sich im immer wieder neu Beginnen!

Gleichzeitig erlangen Sie auch eine ungeheure Freiheit. Denn mit offenen Augen entdecken Sie plötzlich eine Unmenge von Möglichkeiten, die Ihnen offenstehen, die Sie ausprobieren können, von denen eine ganze Reihe in Ihr Leben passen und es reicher machen. Sie können tun und lassen, was Sie wirklich wollen.

Ist Ihnen einmal aufgefallen, dass Sie in fremder Umgebung mit viel wacheren Sinnen unterwegs sind? Ihre eigenen Gewohnheiten haben dann Urlaub, und Sie erkennen plötzlich eine ganz neue Vielfalt und nehmen eine Menge Anregungen auf. Sicher sind Sie auch schon mal aus einem fremden Land zurückgekehrt und haben eine neue Lebensweise kennengelernt oder sind auf ganz neue Rezepte und Zutaten gestoßen, die Sie daheim auch einmal ausprobieren möchten. Erst wenn Sie mit Neugier unterwegs sind und hinschauen, können Sie wertvolle Ideen wahrnehmen. Und auch entscheiden, ob etwas Neues vielleicht besser sein könnte als das, was Sie bisher bevorzugt hatten.

Es geht nicht darum, alles anders zu machen. Bitte verwechseln Sie nicht die Bereitschaft, seine Haltung, seine Gewohnheiten zu ändern und jeden Tag auf den Prüfstand zu heben mit Aktionismus auf Teufel komm raus. Sie müssen nicht das Rad immer wieder neu erfinden. Aber öffnen Sie sich der Möglichkeit, Unbekanntes zu prüfen und Neues in Ihr Leben zu integrieren.

Fragen Sie auch andere Menschen: »Wie machst du das eigentlich?« Neue Methoden und Sichtweisen sind auf jeden Fall eine Bereicherung für Ihr Leben. Sie müssen ja nicht alles übernehmen, aber die Kenntnis anderer Möglichkeiten kann doch die eigene Perspektive gehörig zurechtrücken.

Warum uns das Anfangen so schwerfällt

Den ersten Schritt zu gehen, bedeutet immer auch, einen gewissen Widerstand zu überwinden. Aber machen Sie sich klar: Ihn gegangen zu sein bedeutet, den anstrengendsten Teil des Weges bereits zurückgelegt zu haben! Den ersten Schritt zu unternehmen ist zwar nicht immer leicht, doch die Aufgabe ist durchaus zu bewältigen.

Und es gibt noch einen weiteren Grund, warum wir trainieren müssen, neuen Gewohnheiten eine Chance zu geben. Während es in asiatischen Kulturen als normal und vernünftig angesehen wird, sich etwas bei anderen abzuschauen und andere um Rat zu bitten, sind wir in unserem Kulturkreis darauf geeicht, für alle sichtbar unseren eigenen Weg zu gehen. Schon die Kinder – die sich uns als Vorbilder nehmen – beschimpfen sich gegenseitig mit dem Wort »Nachmacher«. Wir lassen uns nicht gerne in die Karten schauen, aber wir nehmen auch nicht gerne Ratschläge an. Mehr noch – wir möchten unseren Nebenmann gerne überflügeln. Da passt es nicht ins Bild, von ihm etwas abzuschauen. Das käme ja einem Eingeständnis gleich, dass er etwas besser macht als wir.

Geben Sie sich einen Ruck, und probieren Sie möglichst viele Dinge aus. Verharren Sie nicht in starren, verkrusteten Strukturen. Gewohnheiten heißen so, weil man in ihnen wohnt – suchen Sie sich also Ihre Wohnung aus, indem Sie sich und Ihre Gewohnheiten flexibel halten. Sie müssen nicht Ihr Leben lang in Blümchentapeten wohnen – auch wenn das vor vielen Jahren vielleicht mal modern war. Tapezieren Sie öfters neu! Sie können sich entscheiden, ob Sie in der Falle erstarrter Gewohnheiten gefangen bleiben wollen oder ob Sie die Möglichkeiten nutzen möchten, die sich direkt vor Ihnen entfalten. Seien Sie achtsam, offen und flexibel. Wenn Sie viel ausprobieren, können Sie auch viel in Ihr Leben integrieren und es so enorm bereichern.

> In Gewohnheiten wohnen wir – also darf auch mal neu tapeziert werden!

Was Sie alles anders machen können

Vielleicht möchten Sie das Anfangen üben, wissen aber gar nicht, womit Sie beginnen könnten. Denn meist sind wir ja vollkommen von unseren Gewohnheiten überzeugt. Die Empfehlung, die Computermaus oder auch die Zahnbürste einfach mal mit der anderen Hand zu benutzen, kennen Sie vielleicht schon. Und was hält Sie davon ab, einmal einen anderen Weg zur Arbeit auszuprobieren? Es finden sich für alle Lebensbereiche neue Möglichkeiten und Strategien, die Sie ausprobieren können. Wehren Sie sich nicht, sondern lassen Sie sich mit allen Sinnen auf das Experiment ein. Das macht Ihr Leben nicht nur bunter, sondern bereitet Sie auch auf den Ernstfall vor.

Fangen Sie mit ganz kleinen, scheinbar unbedeutenden Dingen an. Wenn Sie zum Beispiel morgens Ihren Kaffee nicht mehr aus Ihrer Lieblingstasse trinken, sondern aus einer anderen, die Ihnen gerade in die Finger kommt, könnte es sein, dass Sie überrascht sein werden. Wenn die neue Tasse kleiner ist, dann werden Sie auch öfter Kaffee nachschenken müssen.

Das Ergebnis: Sie trinken heißeren Kaffee. Vielleicht mögen Sie abgekühlten Kaffee. Dann hatte es seinen Sinn, immer wieder zu Ihrer Standardtasse zu greifen. Es kann aber auch sein, dass Sie feststellen, dass der Kaffee aus der neuen Tasse besser schmeckt. Dann haben Sie eine neue Lieblingstasse – und ein kleines Stück mehr Lebensqualität.

Hier nun eine Liste von Dingen, die Sie ruhig mal ausprobieren könnten:

- einen anderen Weg, ein anderes Verkehrsmittel zur Arbeit wählen;
- sich am Esstisch an einen anderen Platz setzen bzw. in der Cafeteria an einen anderen Tisch;
- sich morgens in einer anderen Reihenfolge anziehen;
- im Büro nicht als Erstes die E-Mails lesen;
- eine Zeitung lesen, die Sie noch nie gelesen haben.
- ein ganz anderes Fernsehprogramm anschauen;
- Sonntagmorgens mal keine Brötchen holen;
- ein ganz neues Restaurant ausprobieren; nicht zum Italiener oder Griechen gehen, sondern mongolisch essen gehen;
- eine andere Autoklasse wählen, wenn Sie einen Mietwagen anfordern – warum nicht mal einen Smart probieren oder ein Cabrio?;
- auf Reisen nach dem Rhythmus der Landesbewohner leben, statt deutschem mal türkischen Kaffee trinken;
- auf der anderen Seite des Bettes oder mit den Füßen zur Wand schlafen;
- einen Tag ohne festen Plan verbringen;
- eine Besprechung im Freien abhalten;
- im Kaufhaus ganz andere Kleidung anprobieren;
- sich bei der Frau an der Supermarktkasse, der Klofrau, bei jedem, der Ihnen einen Dienst erweist, bedanken.

Fragen Sie sich jeden Abend, was Sie an diesem Tag anders gemacht haben. Jedes Mal, wenn Sie etwas Neues ausprobiert haben, ist dies ein Fitnesstraining für Ihr Gehirn. Haken Sie eine solche Liste nicht lustlos wie ein dröges Pflichtprogramm ab, seien Sie neugierig und lassen Sie sich überraschen! »Die ganze Welt ist eine Bühne und alle Frauen und Männer bloße Spieler«, lässt Shakespeare in seiner Komödie *Wie es euch gefällt* sagen. Wollen Sie Ihren Part nach einem festen Text spielen oder wollen Sie improvisieren können?

> **Etwas Neues ausprobieren ist Fitness fürs Gehirn.**

Der argentinische Tango ist ein Improvisationstanz, er enthält keine fest definierten Figuren. Natürlich benutzen Anfänger zunächst bestimmte Kombinationen, um das Tanzen zu lernen. Die guten Tänzer lösen sich irgendwann von ihnen, bei den anderen werden diese Übungskombinationen zu festen Mustern, der Tanz wird ein wenig langweilig. Um improvisieren zu können, üben gute Tänzer immer wieder neuartige Schrittkombinationen. Und dann kommt der magische Moment: Man macht die Schritte, die zur Musik, zur Situation passen und die man so noch nie gemacht hat. Man ist frei, man tanzt, weil die Musik spielt und so, wie die Musik spielt.

Besonders im Alter ist es wichtig, sich den Wechsel zur Gewohnheit zu machen. Auch mit silbernem Haar können Sie Spaß daran haben, Ihr Handy so zu programmieren, dass bei einem Anruf das Foto des Anrufenden auf dem Display erscheint. So entwickeln Sie sich weiter und bleiben auf Dauer den Anforderungen gewachsen.

Was passiert, wenn Sie Dinge anders machen:

- ➤ Veränderungen fangen an, Spaß zu machen.
- ➤ Zunächst wird es Ihnen schwerfallen, Neues auszuprobieren – ganz gleich, ob Sie etwas ausprobieren möchten oder Sie gezwungen sind, es zu ändern. Mit der Zeit wird jedoch das Gefühl des Unwohlseins, wenn Sie etwas verändern,

schwächer werden. Sie werden sogar Lust auf Veränderungen bekommen.
- Sie bleiben flexibel, werden gar immer flexibler.
- Auch wenn der äußere Druck gar nicht da ist, üben Sie das Ändern von Gewohnheiten. Wenn dann eine Änderung bevorsteht, werden Sie sich mit dem Wechsel leichter tun. Sicher hat es schon den Menschen vergangener, strukturierterer Zeiten nicht schlecht getan, geistig flexibel zu sein. Nur: Die Welt, in der wir heute leben, lässt es gar nicht mehr zu, starr in seinen Gewohnheiten zu verharren. Arbeitsplatz, Wohnort, Lebenspartner werden über Jahrzehnte hinweg mit hoher Wahrscheinlichkeit nicht dieselben bleiben. Besser, wenn Sie auf solche Wechselfälle des Lebens vorbereitet sind.
- Sie werden offener.
- Ihre Neugier und Flexibilität macht Sie offener und unvoreingenommener. Sie sperren sich nicht mehr von vorneherein, gute Gewohnheiten zu übernehmen. Das macht Sie zu einem angenehmen Zeitgenossen. Wenn Sie zum Beispiel gemeinsam mit Ihrem Partner in eine neue Wohnung ziehen, so ist dies oft ein Reibungspunkt, der schon den Keim eines späteren Zerwürfnisses in sich trägt. Indem Sie nicht mehr mit aller Macht Ihre Standards durchsetzen wollen, sondern unvoreingenommen prüfen, was Sie sinnvoll übernehmen können, haben Sie die gefährlichsten Klippen auf dem Weg zu einem harmonischen Zusammenleben bereits souverän umschifft.

Viele Wege führen zum Ziel

Nur selten kann man davon reden, dass es einen einzigen gangbaren Weg gibt. Der eine schwört auf Autos, die mit Benzin laufen, der andere auf Diesel, die nächsten warten händeringend auf das Elektroauto. Meist gibt es kein Richtig und kein Falsch – vielleicht ein mehr oder weniger gut oder ein besser oder umständlicher. Akzeptieren Sie, dass man vieles auch ganz anders machen kann – und genauso ans Ziel kommt.

Sie können sich zwar nicht jeden Tag neu erfinden, doch Sie können jeden Tag über sich hinauswachsen. Nichts sollte Sie daran hindern, Ihre Gewohnheiten immer wieder einmal spielerisch zu überprüfen und probeweise zu ersetzen. Nutzen Sie das Energiesparpotenzial Ihrer Gewohnheiten, sie tragen Sie effizient und komfortabel durchs Leben. Überprüfen Sie aber immer wieder, ob sich nicht doch etwas verbessern ließe. So bleiben Sie flexibel und beweglich. Nicht umsonst heißt es »der graue Alltag«. Mit dem Einüben neuer Gewohnheiten, dem Zulassen neuer Muster gewinnt Ihr Leben an Farbe. Ihre Lebensqualität wird steigen. Je mehr Möglichkeiten Sie sich offen halten, desto mehr Freiheit werden Sie genießen können. Sie sind der Dirigent Ihres Lebens, die Zusammensetzung Ihres Orchesters bestimmen Sie selbst. Je mehr Instrumente in Ihrem Orchester versammelt sind, umso vielfältiger, farbiger, passender ist die Musik, die Sie machen. Was ist ein romantisches Stück ohne Harfe, was ein Marsch ohne Trompeten, was ein Walzer ohne Geigen? Und wer alle Klangfarben liefern kann, den lädt man auch gerne zum Spielen ein.

Bringen Sie Farbe und Klang in Ihr Leben, denn SIE sind der Dirigent.

Immer wieder anfangen ist anstrengend – solange es keine Gewohnheit ist. Aber mit der geistigen Beweglichkeit ist es wie mit der körperlichen. Wer sie nicht trainiert, wird mit jedem Jahr seines Lebens etwas unbeweglicher. Beweglichkeit hat einen Preis, das Üben. Aber wer jeden Tag ein wenig Gymnastik macht, den strengt das bald nicht mehr an. Und er spart viel Energie. Denn wenn man einmal unbeweglich geworden ist, dann kostet jede Bewegung viel mehr Energie. Es »rechnet« sich also. Bei der geistigen Beweglichkeit ist es genauso. Und die kann man im Normalfall länger aufrechterhalten als die körperliche. Wenn Ihnen jetzt der Altbundeskanzler Helmut Schmidt einfällt, dann liegen Sie richtig.

Offen sein ein Leben lang

Konosuke Matsushita stammte aus einer verarmten Familie. Mit Innovationskraft, Disziplin und Integrität rief er einen global agierenden Konzern ins Leben, dessen eingetragene Warenzeichen wie *Panasonic, Technics* und *JVC* weltweit bekannt wurden. Sein Lieblingsgedicht stammt von Samuel Ullmann und hat den Titel *Jugend*. Die letzten Zeilen lauten: »Aber solange deine Antennen offen sind und die Wellen des Optimismus fangen, gibt es Hoffnung, dass du jung sterben wirst, mit achtzig.« Für Matsushita war lebenslanges Lernen für den Erfolg im Leben wichtiger als alles andere, wichtiger als Intelligenz, formale Ausbildung und Status. Matsushita hat sich übrigens an diesen Rat gehalten und starb jung – mit 94 Jahren.

Die großen Künstler und Gelehrten haben es verinnerlicht: Wir können nur dann jeden Tag ein bisschen besser werden, wenn wir auch täglich etwas ändern. So sind sie auch im Alter jung und neugierig geblieben. Legendär, wie kindlich Picasso noch im hohen Alter sein konnte. Auch Leonardo da Vinci hat sich seine Neugierde und Schaffenskraft bis ins hohe Alter bewahrt: Noch bis kurz vor seinem Tod arbeitete er als Architekt, Ingenieur und Anatom. Und das weltberühmte Foto, auf dem Albert Einstein seine Zunge herausstreckt, wurde an seinem 72. Geburtstag aufgenommen. Er war verärgert, dass die Journalisten nicht aufhörten, ihn zu bedrängen. Das Foto gefiel ihm so gut, dass er es später als Grußkarte an seine Freunde verschickte.

15 Wie Sie weitermachen, wenn der Spaß verfliegt

»Mit gewöhnlicher Begabung und ungewöhnlicher Beharrlichkeit ist alles zu erreichen.«

Sir Thomas Fowell Buxton

Sie sind zu einer Schnupperstunde in einem Fitnessclub und arbeiten an Ihrer Armmuskulatur. In Ihren Händen halten Sie zwei Gewichte, heben sie immer wieder auf Brusthöhe und lassen sie kontrolliert wieder sinken. Das schaut gut aus, Sie fühlen sich großartig und kommen sich vor wie Arnold Schwarzenegger. Die ersten 15 Wiederholungen gehen ja noch ganz flüssig und problemlos. Aber dann kommen Sie an Ihre Wohlfühlgrenze. Das Gewicht scheint immer schwerer zu werden, Ihre Arme fangen an, sich wie Blei anzufühlen. Ihre Muskulatur meldet sich: »Muss das sein? Das ist jetzt aber nicht mehr angenehm!« Sie legen die Hanteln zurück an ihren Platz und schauen sich um. Ah, da ist ja eine Beinpresse. Jetzt, wo Sie Ihren Bizeps auf Vordermann gebracht haben, werden Sie gleich auch noch etwas für Ihre Beine tun.

Warum es sich lohnt, sich anzustrengen

Machen Sie sich nichts vor – indem Sie ein Gewicht ein paar Mal auf und ab bewegen, werden Sie Ihre Muskeln garantiert nicht nachhaltig trainieren. Sie haben in dem Moment aufgehört, in dem es anstrengend wurde. Und ich wette, von der Beinpresse haben Sie auch direkt weiter zum Rudergerät gewechselt, als Sie nach knapp 30 Sekunden die Lust verloren. Sie haben Ihre Muskeln ein wenig beschäftigt, aber nicht trainiert. Mit einem solchen Verhalten werden Sie niemals etwas erreichen können! Nicht im Fitnessstudio und auch sonst nicht im Leben.

Sie können den Weg des geringsten Widerstandes gehen, so wie meine Katze – sie schläft bis zu 23 Stunden am Tag und hat alles, was sie braucht. Sich nicht anstrengen zu wollen mag ganz komfortabel sein und ist auch sicher nicht verwerflich. Doch es hindert uns daran, unsere Möglichkeiten auszuschöpfen und ein bewusstes und erfülltes Leben zu führen. Denn ohne Einsatz werden wir keines unserer Ziele verwirklichen können. In einem Leben ohne Anstrengungen müssen wir mehr oder weniger mit dem zufrieden sein, was uns der Zufall zukommen lässt.

Wenn Sie jede Anstrengung meiden, dann können Sie auch gleich zu Hause bleiben. Dann ist es reine Zeitverschwendung, ins Fitnessstudio zu gehen. Fangen Sie auch nicht mit dem Klavierspielen an und versuchen Sie nicht, eine Fremdsprache zu erlernen. Denn früher oder später wird ein Moment kommen, an dem es mal keinen Spaß macht und anstrengend wird – wenn Vokabeln zu lernen sind oder ein Fingersatz nicht so richtig klappen will. Wenn es ans Üben geht, fängt der Ernst an. Und schon ist die Versuchung groß, wieder auszusteigen. Eins sollte Ihnen aber klar sein: Wenn Sie immer wieder schon bei der geringsten Belastung aufgeben, verabschieden Sie sich von all den Möglichkeiten, die in Ihnen stecken und die das Leben für Sie bereithält.

Üben bedeutet Anstrengung.

Dem Menschen ist es nun mal gegeben, Gipfel erklimmen zu wollen. Dieses Verlangen ist in uns allen angelegt und kommt mal mehr, mal weniger zum Vorschein. Um Ziele zu erreichen, müssen Sie in der Lage sein, sich über eine längere Zeit auf ein Projekt zu konzentrieren und Widerstände zu überwinden. Das braucht Energie. Es wird also immer auch ein bisschen anstrengend sein, seine Ziele zu verwirklichen – daran ist nicht zu rütteln. Und die zur Verfügung stehende Energie ist begrenzt, nicht nur Autos muss man regelmäßig auftanken.

Doch es gibt Möglichkeiten, es sich leichter zu machen:

> Sie sollten wissen, was auf Sie zukommt, welche Widerstände Sie erwarten.
> Sie sollten Ihre Beharrlichkeit und Ihre Selbstdisziplin trainieren.
> Sie sollten Ihre Kräfte realistisch einschätzen.

Wie Sie den Widerstand überwinden können

Wenn Sie sich gute Gewohnheiten antrainieren möchten, so ist das nicht über den Weg des geringsten Widerstandes möglich. Denn wenn wir etwas an unserem Verhalten ändern wollen, so trifft dieses Vorhaben gleich mehrfach auf Widerstand:

> Der Widerstand gegen Neues ist ein allgemeiner Grundmodus unseres Verhaltens. Und er ist nützlich: Er verhindert das leichtfertige oder gar unkontrollierte Wechseln von Gewohnheiten. Das Alte hat funktioniert, vom Neuen wissen wir das schließlich noch nicht mit Sicherheit. Früher, in einer gefährlichen und feindlich gesinnten Umgebung, war dieser konservative Schutzmechanismus überlebenswichtig. In heutiger Zeit hat er immer noch seine Berechtigung, doch er macht uns manchmal auch zu schaffen.
> Gewohnheiten sind Teil unseres Wohlfühlprogramms. Sie aufgeben heißt gleichzeitig, auf etwas Angenehmes zu ver-

zichten. Wenn Sie auf dem Weg von einer Wohnung in eine andere durch die Kälte müssen, überlegen Sie sich das sicher zweimal. Auch wenn Sie Gewohnheiten ändern wollen, sollten Sie sich fragen: »Lohnt sich der Aufwand? Möchte ich wirklich in die Kälte hinaus?«

- Wenn es anstrengend wird, reagieren wir mit Widerstand. Und Änderungen sind anstrengend. Indem wir eine alte Gewohnheit über Bord werfen, treten wir für eine gewisse Zeit aus dem Energiesparmodus aus. Weil uns die Puste ausgeht, verlieren wir die Lust. Leben ist ein Energieproblem, Energiesparen eine Überlebensstrategie. Diese Einsicht haben wir verinnerlicht. Denken Sie nur an den Versuch, abzunehmen. Wenn der Körper weniger Essen, also Energie, bekommt, reagiert er mit reduzierter Aktivität. Vor 5000 Jahren war das in Phasen des Hungerns sinnvoll, heute konterkariert dieser Mechanismus unsere Diätversuche. Um den toten Punkt zu überwinden, müssen Sie in erster Linie Ihre geballte Selbstdisziplin aufbieten. Nur wenn Sie beharrlich sind und bereit sind, sich anzustrengen, bleiben Sie am Ball. Darüber hinaus ist es hilfreich, wenn Sie immer einen Schritt weiter denken. Indem Sie das Ergebnis visualisieren, ziehen Sie daraus neue Kräfte und können so die fehlende Energie ersetzen.

Wenn Sie diese Fähigkeiten trainieren, dann werden Sie Ihre Ziele mit hoher Wahrscheinlichkeit erreichen können. Dann werden Sie nicht auf halber Strecke einknicken und die Lust verlieren. Denken Sie an all die Spitzensportler, die auch nach ihrer aktiven Zeit ihren neuen Beruf meist sehr erfolgreich ausüben. In einer Umfrage unter 1000 Führungskräften gaben 46 Prozent der Befragten an, in der Vergangenheit Leistungssport ausgeübt zu haben. Sie sind im Sport nur deshalb an die Spitze gelangt, weil sie eben Selbstdisziplin und Ausdauer in besonderem Maße trainiert haben. Ihre Willenskraft, die sie zu Spitzenleistungen geführt hat, und die Fähigkeit, sich Ziele zu setzen und diszipliniert zu verfolgen, behalten sie natürlich auch nach ihrer Sportlerkarriere bei. Diese Tugenden tragen sie dann auch in der »normalen« Berufswelt zum Erfolg.

Wir haben es also mit zwei Arten von Energieproblemen zu tun. Diese treten zum einen auf, wenn wir nicht durch Gewohnheiten und Motive zum Ziel geführt werden, wenn wir Energie aufbringen müssen. Wenn Sie zum Beispiel ein Instrument erlernen wollen und es Zeit zum Üben ist, Sie aber noch müde von der Arbeit sind, dann müssen Sie die Energie aufbringen, um zumindest den ersten Schritt zum Instrument zu machen. Zum anderen haben wir ein Energieproblem, wenn wir uns durch andere Einflüsse vom Weg zu unserem Ziel ablenken lassen, wenn wir also Energie brauchen, um diese Störungen oder Hemmungen zu unterdrücken. Sie haben angefangen zu üben und dann bekommen Sie auf einmal Lust auf etwas anderes: Sie überlegen beispielsweise, ob Sie nicht erst noch etwas anderes erledigen sollten, oder Sie lassen sich nur zu gern durch ein Gespräch mit jemandem ablenken.

Die Lösung dieser Energieprobleme besteht in Selbstdisziplin und Beharrlichkeit, beides Formen der Willenskraft. Ich unterscheide sie, wie man im Sport Kraft und Ausdauer unterscheidet. Selbstdisziplin verstehe ich als Kraft, die man für einen kurzen Zeitraum aufbringen kann, die Kraft, eine schwierige Aufgabe anzufangen, Willensstärke zu zeigen. Beharrlichkeit wirkt länger, sie macht für mich die Fähigkeit aus, ausdauernd an etwas dran zu bleiben, auch ohne Motivation weiterzumachen. Sie hat für mich eher den Charakter einer Gewohnheit. Erinnern Sie sich, ganz zu Beginn haben wir festgestellt, dass man alles, wozu man nicht motiviert ist, zur Gewohnheit machen sollte. Selbstdisziplin und Beharrlichkeit kann man trainieren.

Selbstdisziplin kann wie ein Muskel trainiert werden

Es ist allseits bekannt, dass Sie Ihren Körper mit einem geeigneten Trainingsprogramm bewusst verändern können. Mit den richtigen Übungen bringen Sie Fettgewebe zum Schmelzen und bauen Muskelmasse systematisch und gezielt auf. Im Sport spricht man davon, seinen Körper zu definieren.

Weniger bekannt ist, dass Sie auch Ihre Persönlichkeit definieren können, indem Sie Ihre Gewohnheiten gezielt ändern – die einen werden abgebaut und die anderen bewusst trainiert. Das ist eine Möglichkeit, die Sie auf jeden Fall nutzen sollten. Wenn Sie sich unwohl in Ihrer Haut fühlen, wenn Sie Energieprobleme haben und der erwartete Erfolg ausbleibt, dann können Sie an sich arbeiten. Was Sie für die Verwirklichung Ihrer Pläne brauchen, ist Selbstdisziplin und Beharrlichkeit.

Wann immer wir bewusst in unser Leben eingreifen, nutzen wir unsere Willenskräfte. Immer wenn wir Entscheidungen treffen, Stresssituationen bewältigen, bewusst initiativ werden oder reagieren, anspruchsvolle Probleme bearbeiten oder uns selbst disziplinieren – stets nutzen wir die gleiche geistige Energiequelle. Eine Quelle, die irgendwann zur Neige gehen wird. Wir können uns also Selbstdisziplin wie einen Muskel vorstellen, der stark ist, aber bei Nutzung auch ermüdet. Es ist kein Zufall, dass wir in Zeiten von hoher Belastung besser keine Diät anfangen und nicht versuchen sollten, mit dem Rauchen aufzuhören. Es ist keine Kraft mehr dazu vorhanden. Der Akku ist leer.

Bedauerlicherweise ist diese Energiequelle unter den Menschen nicht gleichmäßig verteilt. So wie es körperlich kräftigere gibt, so gibt es auch Menschen, die über mehr Willenskräfte verfügen als andere. Aber jeder kann seine Selbstdisziplin trainieren. Dabei bitte nie vergessen: Jeder Muskel hat seine Entwicklungsgrenzen und auch der gut trainierte wird irgendwann sauer. Das Training der Willenskraft kostet natürlich zunächst Energie, und Sie müssen sich leider auch aus der Komfortzone herausbewegen. Wenn Sie im Fitnessstudio Ihren Körper trainieren möchten, so müssen Sie Ihre Muskeln beanspruchen – immer wieder über den Punkt hinaus, an dem es noch angenehm ist. Genauso funktioniert es auch, wenn Sie Ihre Selbstdisziplin trainieren möchten. Die Noch-2-Methode ist hierfür ein ganz hervorragendes Werkzeug.

Wer seinen Willen trainieren will, muss die Komfortzone verlassen.

Wie Sie mit der Noch-2-Methode weiterkommen

Wenn Sie beim Training sagen: »Ich kann nicht mehr«, dann heißt das meistens: »Ich will nicht mehr«. Denn nun kommen Sie an Ihre Grenzen. Die Anstrengung wird zu groß und Sie sind dabei, die Lust zu verlieren. Ein Fitnesstrainer sagt zu diesem Zeitpunkt »noch zwei Liegestütz« oder »noch zwei Mal das Gewicht heben«. Dieses Weitermachen über den Punkt hinaus ist wichtig. Erst hierdurch werden die Muskeln optimal trainiert. Der Trainer achtet darauf, dass sich sein Schützling genug, aber auch nicht zu sehr anstrengt.

Diese Methode sollten Sie auch in allen anderen Lebensbereichen anwenden. Immer wenn die Lust schwindet, müssen Sie Ihr eigener Coach sein und sich sagen: »So, und jetzt mache ich noch zwei.« Das ist das Noch-2-Prinzip. Im Selbstgespräch spornen Sie sich an. Ganz gleich, auf welchem Gebiet Sie gerade unterwegs sind – mit der Aufforderung: »noch zwei Mal, dann kannst du aufhören; zwei schaffst du noch« spornen Sie sich zu immer höherer Leistung an:

- Noch zwei E-Mails bearbeiten, noch zwei Telefonate erledigen!
- Noch zwei Wiederholungen beim Klavierspielen!
- Noch zwei Vokabeln lernen!
- Noch zwei Kleidungsstücke bügeln!
- Noch zwei Bahnen schwimmen!
- Noch zwei Runden laufen!

Wenn Sie dieses Prinzip verinnerlichen und immer wieder anwenden, dann trainieren Sie Ihre Beharrlichkeit. Mit zunehmendem Trainingseffekt werden Sie immer mehr schultern können, bevor Sie in Gefahr geraten, die Lust zu verlieren. Nach einiger Zeit müssen Sie sich auch nicht mehr selbst disziplinieren, dann geht es von alleine. Darüber hinaus lernen Sie mit dieser Methode auch, Ihren Weg in kleine Schritte zu unterteilen. Auch hierdurch steigen die Chancen deutlich an, dass Sie Ihre Ziele erreichen.

Stapel mit unerledigtem Papierkram auf Schreibtischen oder sonst wo entstehen nicht, weil Sie im Moment keine Zeit haben, sie zu bearbeiten. Sie entstehen, weil Sie keine Lust haben. Sie lassen sich von dem Gefühl täuschen, dass Sie etwas loswerden, wenn Sie es auf die Seite legen. In Wahrheit haben

Im Beruf beharrlich zu sein ist professionell, im Leben beharrlich zu sein zeugt von Reife.

Sie Zeit verschwendet. Anfassen, andenken, auf die Seite legen heißt ergebnislos zu arbeiten. Gewöhnen Sie sich an, Briefe nur einmal anzufassen, Mails nur einmal zu lesen. Und wenn Sie nach der zwanzigsten Mail die Lust verlieren – noch zwei! Wenn Sie Tag für Tag die Grenze so weiter hinausschieben, werden Sie in überschaubarer Zeit zu den Leuten gehören, für die Stapel unerledigter Dinge ein Fremdwort sind.

Bereits in der Kindheit beginnen

Wenn Sie Glück hatten, haben Ihre Eltern Ihre Leistungsmotivation bereits in Ihrer Kindheit gefördert. Indem Eltern ihren Kindern Aufgaben zuteilen, die sie fördern, aber nicht überfordern, lernen diese, dass vor dem Erfolg die Anstrengung steht. Sie schicken ihren Nachwuchs nicht auf sein Zimmer und sagen »Bis heute Abend hast du dein Zimmer perfekt aufgeräumt«, sondern schauen sich mit ihrem Sprössling zusammen die Unordnung an und treffen eine Abmachung. »Wenn du bis heute Abend deine Bücher ins Regal geräumt hast, dann spielen wir zusammen Mensch-ärgere-dich-nicht.« Die Bücher aufzuräumen ist ein bisschen anstrengend, aber es ist zu schaffen. Und an einem der nächsten Tage ist dann der Kleiderschrank dran.

Wenn das Kind erst einmal eine Reihe solcher Erfolge erzielen konnte, ist die Verknüpfung von Anstrengung und positivem Gefühl bereits geschaffen. Dann werden auftretende Schwierigkeiten es nicht mehr zurückweichen lassen, sondern der Anreiz sein, die Hindernisse anzugehen. Kinder dürfen also nicht überbehütet sein, da sie ansonsten nicht die Erfahrung machen können, durch Anstrengung zum Erfolg zu gelangen.

Erfolg = Talent x Beharrlichkeit.

Und sie sollen auch nicht Aufgaben aufgebürdet bekommen, die sie niemals schaffen können. Denn ständiges Scheitern macht keinen Spaß. »Das schaffe ich ja doch nicht« wird dann die ständige Reaktion auf Herausforderungen sein – meist auch noch im Erwachsenenalter.

Wenn Sie Ihre Kinder regelmäßig kleinen Anstrengungen aussetzen, sie zum Beispiel motivieren, ein Instrument zu erlernen oder eine Sportart in einem Verein auszuüben, dann lernen sie nicht nur, wie großartig es ist, Erfolg zu haben. Sie lernen auch, sich unabhängig von ihrer momentanen Lust zu engagieren. Es ist ganz normal, einen Durchhänger zu haben, mal keinen Bock auf die Klavierstunde oder das Fußballtraining zu haben. Entscheidend ist, sich erst gar nicht auf die Energie raubende Diskussion mit sich selbst einzulassen, ob man jetzt hingeht oder nicht. Entscheidend ist, es einfach zu machen.

Für Erfolg ist Beharrlichkeit wichtiger als Talent. Mit der Beharrlichkeit finden wir den Hebel, auch mit kleinen Kräften große Wirkung zu erzeugen.

Sparen Sie sich den Frust

Es gibt so viele kleine Tätigkeiten im Alltag, die furchtbar lästig sind und Ihnen im Wege stehen. Zum Beispiel im Haushalt: spülen, staubsaugen, das Bad putzen – ich kenne niemanden, dem das wirklich Spaß macht. Doch getan werden muss es, daran führt kein Weg vorbei (selbst wenn Sie eine Putzfrau beschäftigen, wird noch genug Hausarbeit für Sie übrig bleiben). Es hört sich banal an, aber es wird viel zu viel Zeit und Energie daran verschwendet, sich an solchen Alltäglichkeiten zu reiben.

Sie können Ihr Geschirr so lange kunstvoll im Abwaschbecken stapeln, bis Sie keine einzige Tasse mehr haben. Sie können es sich aber auch zur Gewohnheit machen, jeden Abend kurz alles wegzuspülen. Im einen Fall vergeuden Sie immer wieder Kräfte damit, sich darüber aufzuregen, dass der Spülstein wieder blockiert ist, dass Sie schon wieder spülen müssten etc. Im anderen Fall investieren Sie fünf Minuten und haben dann Ruhe. Glauben Sie mir: Es interessiert niemanden, ob Sie Lust haben oder nicht. Verschwenden Sie also Ihre Zeit nicht mit Klagen, denen niemand zuhört. Es lohnt sich einfach nicht, sich mit dem Thema Spülen emotional auseinanderzusetzen. Sehen Sie es mal so: Sie als Krone der Schöpfung sollten sich nicht mit dem Sinn oder Unsinn einer solchen Tätigkeit beschäftigen müssen, da gibt es eine ganze Menge Wichtigeres. Nehmen Sie nüchtern zur Kenntnis, dass es einfach gemacht werden muss, und tun Sie es ohne Aufschub – und damit basta.

Stellen Sie sich doch einmal eine Liste der Dinge zusammen, zu denen Sie regelmäßig keine Lust verspüren, mit denen Sie aber immer wieder konfrontiert werden. Folgende Tätigkeiten könnten dazu gehören:

Ihre Top Ten der ungeliebten Tätigkeiten:

1. Morgens das Bett machen. _____

2. Müll heruntertragen. _____

3. Wäsche aufhängen. _____

4. Im Getränkemarkt einkaufen. _____

5. Dankesbriefe schreiben. _____

6. Die Zahnpastatube verschließen, die Ihr Partner mal wieder offen gelassen hat. _____

7. _____

8. _____

9. _____

10. _____

Und wie sieht die To-do-Liste für Ihr Gewohnheitstier aus? Nun arbeiten Sie Ihre Liste von oben nach unten systematisch durch, indem Sie es einfach tun, möglichst emotionslos und ohne lange darüber nachzudenken. Und dann fangen Sie wie-

der von vorne an. Ein Punkt der Liste jeden Tag, ein täglicher Sieg – das genügt vollkommen. Versuchen Sie bitte nicht, alles gleichzeitig anzupacken. Sie werden sehen, dass Ihnen die ungeliebten Tätigkeiten mit der Zeit immer leichter von der Hand gehen werden. Der Widerstand verringert sich. Und nach einiger Zeit werden viele kleine Gewohnheiten daraus geworden sein, die Ihnen das Leben einfacher machen.

Ein kleiner Rest Unlust wird natürlich bleiben, das gehört zum Leben. Die Frage ist, welches Gewicht geben Sie dem? Überhöhen Sie zehn Minuten Abspülen am Abend so sehr, dass Sie schier zusammenbrechen unter der Last und dass die Aussicht darauf, es morgen wieder tun zu müssen, Ihnen die Lebensfreude vergällt? Oder ordnen Sie diese kurze Zeitspanne ihrer wahren Bedeutung entsprechend und realistisch dort ein, wo sie hingehört: ein bisschen lästig, aber nicht wert, länger darüber zu grübeln. Diskutieren Sie also nicht lange im Selbstgespräch – das haben Sie wahrscheinlich schon tausend Mal gemacht, und nie hat es etwas gebracht.

Sie werden schnell feststellen, wie viel Spaß es macht, etwas geschafft zu haben, wozu man keine Lust hatte. Das kann richtig süchtig machen. Dann hat man allen Grund, zu sich zu sprechen: »Was bist du nur für ein Held!« – so muss man mit sich reden!

16 So nehmen Sie sich immer das richtige Problem vor

»Zwei ganz verschiedene Dinge behagen uns gleichermaßen, die Gewohnheit und das Neue.«

Jean de La Bruyère

Regelmäßig, wenn die ersten Frühlingstage mit Wärme und zartem Grün den langen, grauen Winter ablösen, kommt die Zeit der guten Vorsätze: ran an den Winterspeck und wieder mehr Sport machen. Mit der Bikinifigur für den Sommerurlaub vor Augen nehmen Sie sich vor, jeden Morgen eine Runde zu joggen. Dafür stehen Sie eine dreiviertel Stunde früher auf. Anfangs fühlen Sie sich toll angesichts der eigenen Selbstdisziplin. Doch es endet wie immer. Bald kommt der Tag, an dem das Laufprogramm ins Wanken gerät. Am Abend zuvor ist es besonders spät geworden, eines der Kinder ist krank, das Auto muss noch in die Werkstatt gefahren werden – Gründe dafür, das Laufen ausfallen zu lassen, gibt es zuhauf. Gewicht verloren haben Sie nicht – schon allein deshalb, weil Sie sich abends gerne etwas Süßes als Belohnung für Ihre morgendliche Anstrengung gegönnt haben.

Was ist passiert? Sie wollten Gewohnheiten ändern und haben dabei ein wenig die Realität aus den Augen verloren. Ihr Gewohnheitstier ist trainierbar, aber es ist eben kein Äffchen, das sich von Ast zu Ast schwingt und mal hier und dort erscheint. Wenn Ihr Gewohnheitstier etwas gelernt hat, können Sie sich darauf verlassen. Aber es lernt langsam und auch nicht alles gleich gut. Es gilt, von seinen Fähigkeiten so weit wie möglich zu profitieren, es aber nicht zu überfordern.

Was man ändern kann und was (fast) nicht

Eine Bekannte von mir ist nicht in Deutschland geboren. Sie spricht gut Deutsch, aber natürlich erkennt man, dass es nicht ihre Muttersprache ist. Seit ich sie kenne, spricht sie davon, dass sie ihr Deutsch verbessern will. Inzwischen hat sich ihre Einstellung geändert. Sie weiß, dass der Aufwand dafür groß ist, denn sie müsste jahrelang eingeübte Sprachmuster ändern. Der Gewinn ist aber klein. Sie kann sich klar ausdrücken, jeder versteht sie gut und die kleinen Ungenauigkeiten stören niemand. Im Gegenteil, ihr Akzent wirkt charmant und macht sie noch interessanter.

Es gibt eine ganze Menge an Gewohnheiten, die loszuwerden Sie über Jahre beschäftigen und Ihnen sehr viel Energie abverlangen würde. Nehmen Sie einen solchen Aufwand nur in Kauf, wenn es sich auch wirklich lohnt. Sonst reiben Sie sich ohne erkennbaren Nutzen auf.

Wenn Sie mit einer Ihrer Gewohnheiten unzufrieden sind, sollten Sie sich also als Erstes fragen, ob es sich wirklich lohnt, an ihr zu arbeiten und ob der Aufwand vernünftig ist. Es ist gut möglich, dass Sie mit der alten Gewohnheit ganz gut leben und Ihren Frieden mit ihr machen können. Etwas akzeptieren zu können ist ein sehr guter Weg, um Energie einzusparen. Dazu gehört auch, die Fähigkeit zu entwickeln, das Positive in Dingen zu sehen.

An der Universität von Kalifornien in Los Angeles (UCLA) hat man 2007 eine große Zahl von Studien zum Thema Diäten ausgewertet. Das Ergebnis ist niederschmetternd: Nur eine sehr geringe Zahl von Menschen schafft es, dauerhaft ihr Gewicht zu reduzieren. Die meisten kehren nach kurzer Zeit zum alten Gewicht zurück, viele werden sogar schwerer als vor der Diät. Amerikas berühmteste Moderatorin, Oprah Winfrey, hat es ihrem Publikum vorgemacht. Mit einem radikalen Ernährungsplan hat sie dramatisch an Gewicht verloren und einen Boom für die von ihr praktizierte Diät ausgelöst. Sie nahm 30 Kilo ab, um in eine bestimmte Jeans zu passen. In den folgenden Monaten konnte das Publikum live verfolgen, wie die verlorenen Kilos langsam, aber sicher zurückkamen.

Essgewohnheiten gehören zu den Gewohnheiten, die besonders schwer zu ändern sind. Sie sind tief in uns verankert, vermutlich auch genetisch bedingt und von unserem biologischen Erbe geprägt. Offensichtlich haben wir ein persönliches, natürliches Gewicht und der Körper verteidigt dieses mit aller Kraft. Er kämpft gegen den Hunger, denn dahinter verbirgt sich das Verhungern.

Je tiefer eine Gewohnheit in unserer Persönlichkeit verankert ist, umso schwerer ist es, sie zu verändern. Das soll Sie nicht entmutigen, sondern motivieren, kluge Entscheidungen bei der Wahl neuer Gewohnheiten zu treffen.

Sie können, statt weniger zu essen, Ihre Essgewohnheiten so verändern, dass Sie sich gesünder ernähren. Das ist relativ leicht. Sie tun Ihrem Körper etwas Gutes und vermeiden den schädlichen Jo-Jo-Effekt. (All das hier Gesagte trifft nicht zu für Menschen mit krankhaftem Übergewicht. Dieses Problem gehört in die Hände von Spezialisten.)

Sie tun darüber hinaus mehr für Ihre Gesundheit, wenn Sie sich regelmäßig bewegen. Möglicherweise verlieren Sie so auch Gewicht. Aber selbst wenn das nicht eintritt, es lohnt sich allemal. Und sich regelmäßig zu bewegen ist eine

Gewohnheit, die relativ leicht zu erlernen ist. Nun werden Sie einwenden, dass morgendliches Joggen Ihnen genauso schwerfällt wie weniger essen. Nun, suchen Sie die Bewegungsart, die Ihnen Freude macht. Nach Studien der Harvard Universität sind 15 bis 20 Minuten zügiges Spazierengehen am Tag schon ausreichend, um eine positive Auswirkung auf Ihre Gesundheit zu haben. Ab etwa einer Stunde täglich werden Sie wahrscheinlich auch Ihr Gewicht reduzieren können. Das Gleiche gilt für schwimmen, Fahrrad fahren, golfen, Ski fahren und natürlich – Sie kennen mich ja schon – tanzen.

Was Sie wirklich wollen

Neue Gewohnheiten erwerben oder alte ändern kostet Energie. Stellen Sie also immer zwei Fragen: Steht der Aufwand in einem vernünftigen Verhältnis zum Erfolg? Und: Wie groß ist die Wahrscheinlichkeit, dass sich etwas ändern lässt? Man könnte im Leben vieles ändern, hat aber nur Zeit und Kraft für weniges. »Ab morgen wird alles anders« funktioniert nicht, wie Sie genau wissen. Akzeptieren Sie sich erst einmal so, wie Sie sind. Und dann stellen Sie die Frage, was noch besser sein könnte. Setzen Sie beim Training Ihres Gewohnheitstieres klare Prioritäten, bringen Sie ihm keine nutzlosen Kunststücke bei.

Prioritäten setzen heißt darüber entscheiden, was einem wirklich wichtig ist, was man wirklich braucht. Oprah Winfrey wollte in eine angesagte Jeans einer bestimmten Größe passen. Die Frage ist: Kann das wirklich so wichtig sein für ein Frau, die extrem erfolgreich ist, unglaublich viel Geld verdient und eine enorme Popularität genießt? Das Singledasein ist nicht automatisch beendet, wenn man fünf Kilo weniger wiegt. Die Traumfrauen der meisten Männer sind nicht so dünn, wie die Frauen es in ihren eigenen Träumen sind. Entspannen Sie sich und überlegen Sie, was Ihnen wichtig ist. Visualisieren Sie, was passiert, wenn Sie Ihr Ziel erreicht haben. Wenn Ihnen dieses Szenario gefällt und es Sie lockt, dann gehen Sie einen Schritt weiter. Dann bringen Sie die Realität ins Spiel. Sie überlegen, was Sie alles tun müssen, um Ihr Ziel zu erreichen. Sie müssen herausfinden, wie groß der Aufwand, wie stark der Widerstand alter Gewohnheiten sein wird. Machen Sie eine Kosten-Nutzen-Rechnung. Wird die Umsetzung Ihres Vorhabens ...

Setzen Sie Prioritäten und handeln Sie auch danach.

> ... Ihre Lebensqualität spürbar steigern, oder wäre es einfach nur ganz nett, es zu tun? Wenn Sie vorhaben, einen Volkshochschulkurs zu besuchen, um im nächsten Urlaub mit den Einheimischen reden zu können, sollten Sie überlegen, ob es Ihnen das auch wirklich wert ist. Wollen Sie tatsächlich an zwölf Abenden je zwei Stunden Portugiesisch pauken, um sich in einem zweiwöchigen Urlaub ein wenig mit dem Personal an der Poolbar unterhalten zu können? Oder reisen Sie mit einem Bus durchs Land und wollen wirklich in Kontakt mit Einheimischen kommen? Dann würde es für Sie Sinn machen, die Sprache zu lernen.
> ... mit Ihrer Person und Begabung in Einklang stehen? Es wäre unvernünftig, mit 150 cm Körpergröße und 48 Kilogramm Gewicht eine Karriere als Kugelstoßer anzustreben.
> ... Sie von besseren, vernünftigeren Dingen abhalten? Sie können sich zum Beispiel regelmäßig mit Ihrer Partnerin darüber streiten, wie die Socken in der Schublade zu sortieren sind. Sie können mit Ihrer Zeit und Ihrer Energie – und der Ihrer Partnerin – aber ganz bestimmt auch Sinnvolleres anfangen. Also bekommt jeder eine eigene Schublade für Socken, das Problem ist gelöst und Sie können sich anderen Gewohnheiten im Schlafzimmer widmen.

- ❯ … wirklich Ihnen selbst nutzen? Oder sind da vielleicht ganz andere Interessen und Erwartungen im Spiel? Lernen Sie Golf, weil es angesagt ist oder weil es Sie fasziniert?
- ❯ … Ihnen mehr Freude bereiten als Anstrengungen abverlangen? Ich habe als Erwachsener mit dem Klavierspielen begonnen. Das setzt dem Erfolg natürliche Grenzen. Ich kann also versuchen, eine Sonate von Mozart zu spielen, was mir wohl auch nach einem Jahr intensiven Übens nie ganz gelingen wird. Oder ich suche mir einfachere Stücke, von denen ich in einem Jahr eine ganze Reihe lernen kann. Auf diese Weise habe ich sehr viel mehr Spaß und die Wirkung auf andere ist die gleiche.
- ❯ … nicht mehr Energie kosten, als Sie gewinnen? Oder sogar mehr Energie kosten, als Sie momentan zur Verfügung haben? Sich aufzureiben ist ein wahres Minusgeschäft für Sie. Ich höre immer wieder, dass man Spaghetti ausschließlich mit der Gabel korrekt aufdreht. Den Löffel zu nehmen, das kommt gar nicht in Frage. Wie viele Portionen Spaghetti muss ich essen, um das Drehen mit der Gabel zu beherrschen? Das verdirbt mir den Spaß am Spaghettiessen für Jahre und führt wohl auch zu nichts. Lieber Spaß mit dem Löffel als ungeschickt mit der Gabel.

Die Freiheit, Dinge auch ablehnen zu können, sagen zu können, »das interessiert mich nicht«, wird im Allgemeinen stark unterschätzt. Wenn alle Ihre Freunde sich krummlegen, um sich in ein paar Jahren ein Haus oder ein dickes Auto zu kaufen, müssen Sie nicht mitmachen. Wenn Sie erkennen, dass dies zwar für viele erstrebenswert ist, für Sie jedoch nicht, dann haben Sie die Möglichkeit, sich auszuklinken. Ihr eigenes Leben zu führen heißt eben nicht nur, die Dinge zu tun, die für Sie persönlich essenziell sind. Es heißt auch, die Dinge zu lassen, die zwar für andere eine Bedeutung haben, die für Sie selbst aber eine untergeordnete Rolle spielen.

Überlegen Sie, was passiert, wenn Sie einen bestimmten Punkt auf Ihrer Prioritätenliste nicht in Angriff nehmen, eine bestehende Gewohnheit nicht ersetzen. Fragen Sie: Was passiert, wenn ich es nicht tue? Wenn Ihre Antwort dann ein hörbares Ausatmen und ein langes Schweigen ist, dann sollten Sie es lassen. Sie haben nur ein Leben, und Sie sollten sich darauf konzentrieren, Ihre Energie für die Projekte einzusetzen, die Ihnen wirklich wichtig sind und die Sie im Leben weiterbringen.

Missionieren verboten!

Das muss man aber so machen! Das kann man nicht anziehen! Die Frisur ist unmöglich! So läuft man nicht rum! Das haben wir noch nie so gesagt! Das ist hier historisch so gewachsen! Geben Sie es zu: Wahrscheinlich hat es Sie schon mal irritiert, wenn Großfamilien aus anderen Ländern die öffentlichen Grünanlagen zum Grillplatz umfunktionieren. Und als das Auto des neuen Nachbarn kürzlich auf Ihrem gewohnten Parkplatz stand, hat es Sie geärgert. Von solchen Reaktionen ist wohl niemand frei. Und ewig grüßt das Gewohnheitstier.

Von Beginn unserer Kindheit an wurde es – zunächst von anderen – trainiert, sich in der Welt zurechtzufinden und uns sicher zu führen. Es hat gelernt, wie man etwas macht. Zunächst in der Familie, dann in der Schule, im Sportverein, in der Gesellschaft. Unser Gewohnheitstier ist sich seiner Sache so sicher, dass es zumindest irritiert reagiert, wenn es auf ein anderes Gewohnheitstier – mit anderen Regeln, Vorgehensweisen, Verhaltensmustern – trifft. Manchmal wird es sogar richtig aggressiv. Wenn zwei solcher Kolosse sich begegnen und keiner dem anderen Platz

Auch ein Gewohnheitstier kann Toleranz lernen.

machen will, dann geht einiges zu Bruch. Das kann nicht sinnvoll sein. In den meisten Fällen geht es ja nur darum, aneinander vorbeizukommen und seinen Weg dann unbehelligt fortzusetzen. Trainieren Sie also Ihr Gewohnheitstier zur Gelassenheit, denn das ist die Grundlage von Toleranz. Dann fällt es irgendwann leichter, bei einer Begegnung mit einem anderen Gewohnheitstier kurz zur Seite zu treten und zu sagen: »Nach Ihnen!«

Im Umgang mit Ihren Mitmenschen gilt es also, Prioritäten zu setzen. Ist es zwingend notwendig, dass Ihr Mitarbeiter Kundenbesuche mit Ihnen vorher absprechen muss? Und ist es wirklich so schrecklich wichtig, dass Ihr Partner den Müll hinunterbringt? Oder nicht vergisst, die Zahnpastatube auf den Kopf zu stellen? Bevor sich aus Forderungen dieser Art dauernder Ärger entwickeln kann, sollten Sie versuchen, solche Nichtigkeiten auf den ihnen zukommenden Platz in Ihrer Prioritätenliste zu verweisen – ganz weit unten. Denn es verlangt von Ihnen nicht viel Energie und hat auch sicher keine weit reichenden Folgen, wenn Sie an der Tube etwas herumdrücken müssen, bevor die Zahnpasta herauskommt. Lohnt es sich tatsächlich, sich über eine solche Bagatelle aufzuregen? Überlegen Sie lieber, warum Sie etwas so vehement von Ihrem Gegenüber fordern. Liegt es Ihnen wirklich am Herzen, oder geht es vielleicht um etwas ganz anderes? Haben Sie Ihre Vorstellung vielleicht nur von anderen übernommen? In vielen Fällen ist es doch viel einfacher, kleine Macken bei sich oder bei anderen zu akzeptieren, als mit Kanonen auf Spatzen zu schießen.

Es gibt nur in den allerseltensten Fällen einen Königsweg, den einzig gangbaren Weg, der für alle auch der beste ist. Meistens gibt es eine ganze Reihe an Möglichkeiten, die jede für sich durchaus sinnvoll sind. Die eine Hälfte der Menschheit isst mit Stäbchen, die andere mit Messer und Gabel. Wer will da sagen, was richtig und was falsch ist? Trotzdem ist der

Drang, andere belehren zu wollen, oft unwiderstehlich. Themen, die sich für solche »Überzeugungsversuche« bestens eignen, sind zum Beispiel:

- Tischsitten
- Kleidung
- Verhalten im Verkehr
- Kindererziehung
- Arbeitsmethoden
- Haushalt
- Wohnung aufräumen
- Umgang mit Tieren
- Verhalten im Park

Versucht man, andere von den Vorzügen der eigenen Denk- und Handlungsweise zu überzeugen, schwingen meistens viele Emotionen mit. Das ist nicht nur auf dem Fußballplatz so, wenn Fans verschiedener Vereine aufeinanderprallen. Denken Sie zum Beispiel an die Nutzer der verschiedenen Computersysteme. Apple-Nutzer schauen auf Windows-Anhänger herab und umgekehrt. »Wie kann man nur einen solchen Schrott verwenden?« Jeder Fehler des anderen Systems wird als Bestätigung des eigenen Weltbildes genommen. So sieht man den Splitter im Auge des anderen, aber nicht den Balken im eigenen.

Ihnen fallen gewiss eine Menge Situationen ein, in denen Sie von anderen belehrt wurden. Wenn das auch noch in der Öffentlichkeit stattfindet, ist das besonders unangenehm. An das schlechte Gefühl und den empfundenen Ärger werden Sie sich sicher erinnern können. Doch das Missionieren funktioniert auch andersherum – da wird es mit der Einsicht schon schwieriger. Wann haben Sie in der letzten Zeit jemanden belehrt und damit herabgesetzt? Ich denke, niemand kann sich davon freisprechen, sich selbst als das Maß der Dinge zu sehen und deshalb zu glauben, andere überzeugen zu müssen.

Sie haben sich seit Wochen auf einen Opernbesuch gefreut. Sie lieben gesellschaftliche Ereignisse dieser Art und bewegen sich nun elegant gekleidet durch die festlich gestimmte Menschenmenge. Da sehen Sie einen Gast in Jeans und Sakko. Das darf doch wohl nicht wahr sein! Während Sie an ihm vorbeigehen, werfen Sie ihm einen vernichtenden Blick zu. Konsterniert wendet sich der so Gescholtene ab. Zufrieden gehen Sie weiter, das Kinn ein paar Zentimeter höher als zuvor – dem haben Sie es gezeigt! Doch was war wirklich passiert? Der arme Kerl ist vor wenigen Stunden am Flughafen eingetroffen, sein Gepäck mit Anzug, Hemd und Schuhen ist mittlerweile in Singapur, erst morgen wird es ihm zugestellt werden können. Da er ein großer Fan der aufgeführten Oper ist, hat er sich entschlossen, trotzdem zu kommen. Fast hatte er schon vergessen, dass er hoffnungslos underdressed ist, da hat ihn Ihr kalter Blick wieder zurück in die Realität katapultiert. Und selbst wenn er vorsätzlich in Jeans und T-Shirt gekommen wäre – Sie hätten ihm seine Meinung ruhig lassen können. Ihre Sicht der Dinge ist schließlich kein Naturgesetz.

Zum Schluss möchte ich Ihnen zwei Tipps ans Herz legen:

▶ *Greifen Sie zum Äußersten: Reden Sie miteinander!*
Eine meiner Seminarteilnehmerinnen war eine Vorstandssekretärin, die sich furchtbar darüber ärgerte, dass ihr Chef die Unterschriften-Mappe mitten auf ihrem Schreibtisch ablegte. Wenn sie ihn schon mit der Mappe ankommen sah, war es mit ihrer Geduld vorbei. »Jetzt kommt der schon wieder an und legt mir das Ding mitten auf den Tisch – ich könnte platzen! Was denkt der sich eigentlich, meinen Schreibtisch so in Beschlag zu nehmen!« Ich habe sie gefragt, ob sie schon mal mit ihrem Vorgesetzten darüber gesprochen habe. Sie war ganz verdutzt und sagte: »Nein, natürlich nicht!« Aber wie soll denn der arme Kerl jemals wissen, dass er heiligen Boden entweiht! Wahrscheinlich meint er es doch nur freundlich, wenn er sei-

ner Sekretärin die Mappe bringt. Ich bin ganz sicher, dass ein paar Worte genügt haben, um dieses Problem für immer aus der Welt zu schaffen.

➤ *Aufschreiben.*
Testen Sie sich einmal, machen Sie eine Liste der Dinge, die Sie aufregen. Doch, doch, auch Sie haben so etwas. Schauen Sie sich Ihre Stichworte dann gut an: »Kann man diesen oder jenen Punkt nicht auch anders sehen oder machen? Und was verliere ich, wenn es jemand anders macht?«

Arbeiten Sie am überbordenden Selbstbewusstsein Ihres Gewohnheitstieres. Seine Wege sind gut, andere sind deswegen noch lange nicht schlecht. Vielleicht kann man sich ja sogar etwas abschauen! Und als Extra obendrauf: Das Leben wird viel leichter, wenn Sie sich nicht mehr darum kümmern müssen, dass die anderen alles richtig machen.

17 Wie Sie Ihre Stimmung gezielt beeinflussen, um am Ball zu bleiben

»Man hat allerdings Stimmungen, aber wehe dem, den die Stimmungen haben.«

Ernst Freiherr von Feuchtersleben

Es gibt Tage, an denen geht alles schief. Schon morgens haben Sie elend lange nach Ihrem Autoschlüssel gesucht, Sie haben sich an Ihrem Frühstückskaffee verbrüht, das Marmeladenbrötchen ist auf die Zeitung gefallen – genau auf den Artikel, den Sie gerade lesen wollten und natürlich mit der Butterseite nach unten, als Sie beim Bäcker Ihre Brötchen bezahlen wollten, sind Ihnen alle Münzen aus dem Portemonnaie gefallen und rollten unter die Theke, und fünf Minuten nachdem Sie sich entschlossen haben, Ihr Cabrio offen auf dem Parkplatz stehen zu lassen, fängt es an zu regnen. Ihre Stimmung ist auf einem Tiefpunkt angelangt. Und wenn Sie kein Gegenmittel wissen, dann bleibt sie dort auch noch den Rest des Tages.

Das Stimmungsbarometer

Wenn Ihr Fußballverein ein Tor geschossen hat, schreien Sie auf, reißen die Arme hoch, springen auf und ab, umarmen wildfremde Leute – und dann setzen Sie sich wieder hin und beobachten weiter das Spiel. Emotionen wie diese lodern wie

Flammen auf und sind auch schnell wieder vergangen. Alles, was wir tun, unternehmen wir, um Emotionen zu erleben. Wir handeln, um zu fühlen. Selbst Autos werden gekauft, weil man sich unbewusst Emotionen erhofft.

Was in unserer auf kurzlebige Emotionen fixierten Zeit völlig in den Hintergrund gerät, ist die Bedeutung und die Wirkung unserer Stimmungen. Diese dauern einen weit längeren Zeitraum an als die Emotionen. Wenn Sie guter Stimmung sind, kann Sie nichts so schnell aus der Ruhe bringen. Und auf der anderen Seite ist es oft schwer, sich aus einer negativen Stimmung wieder zu befreien. Unsere Stimmung hebt und senkt sich wie der Meeresspiegel bei Ebbe und Flut – unsere Emotionen sind nur die Wellen, die auf dem Meer der Stimmung tanzen.

Emotionen werden ihrer größeren Stärke wegen intensiver erlebt. Deswegen suchen wir nach ihnen. Unsere Stimmungen produzieren nicht solche großen Ausschläge, lassen uns zum Beispiel nicht vor Freude tanzen. Deshalb werden sie in ihrer Bedeutung oft unterschätzt. Dabei sind es die Stimmungen, die dem Leben seine Farbe geben. Es ist farbig, wenn die Stimmung gut ist, grau und eintönig, wenn sie gedämpft ist. Es sind die Stimmungen und nicht die Emotionen, die über unsere Zufriedenheit mit dem Leben entscheiden.

Zu jedem Zeitpunkt Ihres Lebens gibt es verschiedene Aufgaben zu bewältigen und Herausforderungen zu bestehen. Das Auto muss zur Werkstatt gebracht werden, ein Gespräch mit dem Klassenlehrer Ihres Jüngsten steht bevor, ein neuer Mitarbeiter in Ihrer Firma muss eingearbeitet werden und ein Berg Wäsche wartet auch noch auf Sie. Um all diese Dinge abzuarbeiten, steht Ihnen eine bestimmte Menge an Energie zur Verfügung.

Die Frage ist, ob die Energie reicht oder nicht, ob Sie bereit sind, zu handeln oder ob Sie eine Pause brauchen. Genau hierüber informieren Ihre Stimmungen. Wie ein Barometer sind sie ein zuverlässiger Indikator für Ihr Wohlbefinden. Unbewusst vergleichen Sie die Herausforderungen, vor denen Sie stehen, mit der Energie, über die Sie im Moment verfügen. Ist die Energie größer als die Herausforderung, dann sind Sie in positiver Stimmung – das Barometer zeigt schönes Wetter an. Dann wissen Sie, dass Sie den Aufgaben gewachsen sind und optimistisch in die Zukunft schauen können. Reicht allerdings Ihre Energie nicht für die anstehenden Aufgaben, dann ist Ihre Stimmung gedämpft, das Barometer sinkt auf schlechtes Wetter, Regen oder gar Sturm. Es kann durchaus sein, dass Sie über viel Energie verfügen, sich gleichzeitig aber so viele Aufgaben aufgebürdet haben, dass die Energiebilanz dennoch negativ ausfällt. Sie fühlen sich dann lustlos, antriebsschwach und niedergeschlagen.

Ihre Stimmungen geben Ihren Energiestatus wieder.

Wenn Sie sich wieder einmal in einer ungünstigen Stimmung befinden, finden Sie heraus, woran es liegt. Sind Sie einfach nach einem langen Arbeitstag müde? Dann sorgen Sie für mehr Energie! Schlafen Sie sich gründlich aus oder machen einen Spaziergang an der frischen Luft. Oder ist es der Stress? Dann müssen Sie Ihre Belastung reduzieren.

Nutzen Sie Ihr Gewohnheitstier, um die Energiebilanz möglichst positiv zu gestalten. Alles, was Sie aus Gewohnheit tun, kostet Sie kaum Energie und reduziert die Belastung. Ihr Gewohnheitstier abzurichten erfordert zwar zunächst ein wenig Anstrengung, doch am Ende werden Ihr Energieverbrauch und Ihre Belastung auf Dauer reduziert und abgefedert. Ihr Barometer zeigt dann viel öfter schönes Wetter an. Kurz gesagt: Wenn Ihr Gewohnheitstier schuftet, sind Sie guter Dinge.

Für jede Situation die passende Stimmung

Stimmungen sind nicht schlecht oder gut – die Frage ist, ob sie zur Situation passen oder nicht. Wenn jemand einen schweren Verlust erlitten hat, ist es für ihn wichtig, sich in Ruhe Gedanken zu machen. Er muss genau hinschauen, die Lage akzeptieren, das Vergangene aufarbeiten und einen sinnvollen Plan für die Zukunft machen. Die gedämpfte Stimmung macht hier also Sinn.

Zum Tanzen passt eine heitere, gelöste Stimmung, zum Gespräch über eine Baufinanzierung gehört Ernsthaftigkeit, zu einem Klavierkonzert eine ruhige, entspannte Stimmung. Manchmal passiert es jedoch, dass man aus einer gedrückten Stimmung gar nicht mehr herausfindet. Oder dass man in überdrehter Stimmung ist und es nicht schafft, sich ernsthaft mit einem aufgetretenen Problem auseinanderzusetzen. Dann gilt es einzugreifen.

Streichen Sie das Wort von der schlechten Laune aus Ihrem Wortschatz. Die sogenannte schlechte Laune schützt uns in Wahrheit davor, uns zu übernehmen. Nach einem langen Arbeitstag kommen Sie müde nach Hause. Sie sind kurz angebunden, das laute Gekreische Ihrer Kinder stört Sie, Sie haben keine Lust auf langes Gerede und erst recht nicht darauf, den Keller aufzuräumen. Das heißt noch lange nicht, dass Sie schlechte Laune haben. Sie brauchen jetzt einfach ein wenig Zeit für sich. Ihr Körper sagt Ihnen: »Ruh dich aus, nimm dir jetzt nichts Größeres vor, du hast nicht die Kraft dazu.« Wenn Sie also mal in nicht so guter Stimmung sind, dann fragen Sie sich: »Was will mein Körper mir damit sagen?«

Schlechte Laune gibt es nicht.

Stimmungsschwankungen sind zum Teil darin begründet, dass auch Ihr Energiepegel gewissen Schwankungen unterworfen ist:

- **Von der Situation abhängig:** Wenn Sie sich von einer langwierigen Krankheit erholen, dann werden Sie schnell müde. Wenn Sie dagegen gerade eine Prüfung bestanden haben oder Ihr Partner Sie mit einer Einladung zu einer Wochenendreise überrascht hat, werden Sie vor Energie fast platzen und alles wird leicht von der Hand gehen.
- **Im Tagesverlauf:** Für unsere Vorfahren war es lebensgefährlich, die schützende Höhle zu verlassen und sich den Gefahren der Wildnis auszusetzen, wenn sie nicht in guter Verfassung waren. Dann hat die »schlechte Laune« sie gebremst, davor bewahrt, ein zu großes Risiko einzugehen. Gerade in der Nacht waren unsere Vorfahren aufgrund ihrer körperlichen Ausstattung allen tierischen Feinden hoffnungslos unterlegen. Auch heute noch liegt der Tiefpunkt des täglichen Stimmungsverlaufs beim Menschen mitten in der Nacht. Aber auch tagsüber weist die individuelle Energiekurve jedes Menschen Berge und Täler auf. Kennen Sie Ihre typischen Tiefs und Peaks?
- **Im jahreszeitlichen Verlauf:** Ein kalter, dunkler Winter dämpft unsere Stimmung. Wir werden inaktiv, bleiben gern in der Höhle. Für unsere Vorfahren war das sehr empfehlenswert. Im Winter ist die Dunkelheit länger, der Energieverbrauch bei Aktivitäten außerhalb größer und die Aussicht auf Nahrung schlechter.
- **Altersbedingt:** Vergleichen Sie nur einen Zehnjährigen, der vor lauter Energieüberschuss auf jeden Baum, auf jede Mauer klettert und jede Strecke – und sei es der Weg vom Kinderzimmer zur Küche – rennend zurücklegt, mit einem Achtzigjährigen, der ganze Nachmittage lang zufrieden am Fenster sitzt.

Raus aus der Stimmungsfalle!

Die gute Nachricht: Stimmungen sind kein Schicksal, Sie können sie beeinflussen. Sehen Sie sich nicht als Opfer Ihrer Stimmungen, sondern werden Sie der Manager Ihrer Stimmungen. Genauso wie Sie sich in eine gedämpfte Stimmung manövrieren können, können Sie sich auch in eine gehobene Stimmung versetzen.

- Der Königsweg zu einer besseren Stimmung ist Bewegung. Wenn Sie sich bewegen, gehen Sie auf ein Ziel zu – das allein macht schon gute Laune. Und in zügiger Bewegung ist zum Beispiel Grübeln gar nicht möglich. Automatisch kommen Sie in eine andere Stimmungslage. Ein kurzer Spaziergang hilft meist schon. Sie müssen gar nicht wissen, warum Sie verärgert, aufgebracht oder traurig sind – laufen Sie dem Stress davon. Bewegung bringt Energie und baut gleichzeitig Spannung ab. Motivieren Sie sich mit der Aussicht auf gute Laune.
- Trainieren Sie eine Entspannungstechnik (siehe Kapitel 5). Aus der Spannung zu gehen bringt uns zurück auf die positive Seite des Lebens. Wer sich gut entspannen kann, der

kann auch kritische Situationen besser aushalten. Er weiß, dass er wieder herauskommt. Indem Sie sich Entspannung zur Gewohnheit machen, verringern Sie den Einfluss von Belastungen und Herausforderungen auf Ihre Energiebilanz.
- Pflegen Sie Ihre Hobbys. Sie lenken ab, machen Freude, verschaffen Erfolgserlebnisse. Gut für die Ablenkung und

zur Steigerung der Stimmung ist auch alles, was Sie zum Lachen bringt.
- Führen Sie positive Selbstgespräche (s. Kapitel 8). Lernen Sie mit Hilfe Ihrer Selbstgespräche Ihre aktuelle Stimmung zunächst zu akzeptieren, dann zu analysieren, wo die Gründe liegen, und sprechen Sie sich Mut zu, bei Bedarf etwas zu ändern. Reden Sie mit sich so, wie Sie mit einem guten Freund reden würden, der »nicht gut drauf ist«.
- Wichtig sind auch die sozialen Kontakte. Das Wissen, nicht allein dazustehen, beruhigt ungemein. Reden Sie mit Freunden, Familienangehörigen und Teamkollegen und lassen Sie sich aus dem Stimmungstief heraushelfen.
- Nutzen Sie Ihren Körper. Die Beziehung zwischen Stimmung und Körperhaltung ist keine Einbahnstraße. Stellen oder setzen Sie sich genauso hin, wie Sie bei guter Stimmung stehen oder sitzen: aufrecht, entspannt, ruhig, selbstbewusst. Sie werden sehen, das wirkt sich auf Ihre Stimmung aus. Wer niedergeschlagen geht, der bleibt auch niedergeschlagen. Wer selbstbewusst steht, der wird selbstbewusst. Versuchen Sie einmal den alten Verkäufertrick: bei sehr negativer Stimmung 30 Sekunden in einen Spiegel grinsen. Probieren Sie es aus. Es wirkt!
- Lassen Sie sich nicht anstecken. Menschen können die Stimmungslage anderer gut erkennen. Oft passen sie sich daran an. Vielleicht war das in grauer Vorzeit hilfreich, heute sicher nicht. Wenn ich über etwas intensiv nachdenke, dann habe ich einen ziemlich verkniffenen Gesichtsausdruck. Meine Frau hat diesen lange Zeit falsch interpretiert. Dann bekam ich zu hören: »Hast du wieder schlechte Laune?« Und es war deutlich erkennbar, dass dies ihre Stimmung auch nach unten zog. Heute nimmt sie mein nachdenkliches Gesicht gelassen zur Kenntnis und weiß, dass sie mir einen großen Gefallen tut, sich nicht davon anstecken zu lassen.

▶ Eines der einfachsten Mittel, sich sofort besser zu fühlen, ist es, irgendetwas in der realen Welt zu tun. Dies ist das Notfallprogramm! So reißen Sie sich aus sinnlos kreisenden Gedankengängen heraus. Nicht auf dem Sofa sitzen und grübeln! Gehen Sie zum Friseur, fahren Sie Ihr Auto in die Waschanlage. Es muss ja nicht gleich etwas sein, das Sie nur äußerst ungern tun. Das Bad zu putzen sollten Sie also besser später in Angriff nehmen.

Es reicht jetzt!

Nach einem langen, hektischen Arbeitstag kommen Sie müde nach Hause. Dort wartet ein Berg Wäsche auf Sie, das Geschirr vom Frühstück steht noch auf dem Tisch und der Anrufbeantworter zeigt hektisch blinkend acht Anrufe an. Am liebsten würden Sie sich jetzt einfach hinsetzen und die Füße hochlegen. Doch heute Abend treffen Sie sich noch mit Ihren Kegelfreunden und bis dahin wollen Sie unbedingt alles erledigt haben. Koste es, was es wolle. Seufzend machen Sie sich an die Arbeit, lassen die erste Maschine mit Buntwäsche laufen, räumen in der Küche auf, hören gleichzeitig die Nachrichten ab. Zwischendurch schieben Sie eine Fertigpizza in den Ofen. Leider wird sie ein bisschen dunkel und trocken, weil Sie noch schnell das Altpapier in den Keller gebracht hatten und drei Rückrufe erledigt haben. Bevor die erste Waschmaschine fertig ist und die Wäsche aufgehängt werden muss, essen Sie rasch im Stehen. Mittlerweile ist Ihre Stimmung auf einem Tiefpunkt angelangt. Die wird auch nicht mehr besser, als Sie um neun Uhr Ihre Freunde zum Kegeln treffen. Sie sind heute ein echter Party-Killer und verderben durch Ihre schlechte Laune allen den Abend.

Kleine Pausen wirken oft Wunder.

Was ist falsch gelaufen? Hätten Sie auf Ihr Bauchgefühl gehört, dann hätten Sie sich keinen Stress mehr gemacht, denn Ihre Energiereserveanzeige blinkte leuchtendrot. Kurz den Frühstückstisch aufgeräumt, den Anrufbeantworter abgehört, sich eine Kleinigkeit gekocht und eine Stunde auf dem Sofa entspannt. Vielleicht ein Buch weitergelesen, Musik gehört oder ferngesehen. Und dann erholt und mit guter Laune zum Kegeln gegangen.

Wer dann die Wäsche für Sie wäscht? Und die Rückrufe erledigt? Na Sie! Aber nicht jetzt sofort und mit viel zu großem Kraftaufwand, der sofort auf die Stimmung schlägt, sondern sauber eingeteilt in sinnvolle Häppchen und regelmäßig durch Ihre Gewohnheiten erledigt.

Es ist ein herrlicher Tag, Sie sind im Zoo. Um Sie herum eine ganze Heerschar von Kindern, die rennen, schreien, lachen. Staunend hasten sie von einem Gehege zum anderen. Angefüllt mit süß-klebrigen Getränken und jeder Menge Pommes. Darunter ist Ihr Kind, nassgeschwitzt, ein tropfendes Eis in der einen Hand, in der anderen ein Stock, mit dem es gerade noch mit den anderen Schwertkämpfe ausgetragen hat. Und jetzt? Der Stock fliegt ins Gebüsch, das Eis rutscht vom Stiel. Ihr Kind greint und quengelt vor sich hin. Und macht Ihnen das etwas aus? Nehmen Sie es Ihrem Kind übel? Nein, denn Sie wissen: Es ist einfach müde. Der Tag war voll, jetzt sind die Akkus leer. Sein Quengeln ist ein Schutzmechanismus, der den Erwachsenen zeigt: »Ich bin müde, ich hab genug. Hol mich hier raus!«

Bei einem Kind können Sie Überforderung akzeptieren und verzeihen. Statt es eine weitere Runde auf dem Trampolin springen zu lassen, werden Sie es langsam in Richtung Bett bugsieren. Warum ist es nur so schwierig, Müdigkeit und mangelnde Motivation auch bei sich selber als sinnvollen Schutzmechanismus wahrzunehmen? Hören Sie auf Ihren Körper – er ist Ihr Energieexperte. Wenn der Pegelstand in

Richtung null geht, dann meldet er sich über Ihre Stimmung. Zuverlässig. Er sagt Ihnen ruhig und schlicht: »Okay, es langt. Hör auf, das hältst du sonst nicht durch.« Akzeptieren Sie die Botschaft und planen Sie den nächsten sinnvollen Schritt, um die Stimmungslage wieder zu verbessern. Oft braucht es nicht viel, Sie müssen es nur tun.

Zwei Tipps zum Schluss:
Trainieren Sie Ihre Achtsamkeit so, dass Sie immer möglichst früh merken, wenn Ihr Barometer zu sinken beginnt. Wenn Sie eine leichte Müdigkeit rechtzeitig erkennen, reicht oft eine kleine Pause aus, um wieder zur alten Frische zu kommen.

Wann immer Sie eine neue Gewohnheit erlernen wollen, legen Sie die Phase des Einübens in einen Zeitraum, in dem Sie über ausreichend Energie verfügen. Menschen, die morgens erst spät starten, die sogenannten Eulen, sollten sich nicht vornehmen, ihr tägliches Laufpensum bereits vor dem Frühstück zu erledigen. Diesen täglichen Kampf können sie nur schwer gewinnen.

18 Wie es ist, wenn es wie von selbst geht

»Für den Optimisten ist das Leben kein Problem,
sondern bereits die Lösung.«

Marcel Pagnol

Es ist sonnig und warm. Sie stehen in einer wunderschönen Landschaft. Liebliche Hügel, in der Ferne Wälder und eine Bergkette. Um Sie herum wogende Kornfelder, grüne Weiden, auf denen wohlgenährtes Vieh grast. Unter einem alten knorrigen Baum steht eine verwitterte Holzbank. Auf ihr sitzt ein alter Mensch, runzlig und gebeugt, aber mit wachen Augen. Auf einmal erkennen Sie ihn: Das sind Sie selbst! Sie setzen sich neben ihn und fragen: »Wie war dein Leben?« Er sagt: »Ich habe mich den Dingen gestellt, mein Leben in die Hand genommen. Wo ich etwas ändern konnte, habe ich es getan. Was ich nicht ändern konnte, habe ich akzeptiert. Ich habe meine Möglichkeiten genutzt. Es war ein gutes Leben, ich bin zufrieden.«

Worauf es wirklich ankommt

Menschen streben nach den großen Erlebnissen, dem ultimativen Kick. Die sechswöchige Reise durch 26 Länder, weiße Haie füttern im Kettenhemd, die Trauung am Bungee-Seil. Doch wenn Sie am Ende auf ein zufriedenes Leben zurückblicken können, dann wird nicht ausschlaggebend gewesen sein, dass Sie mal George Clooney die Hand geschüttelt haben und auch nicht, dass Sie vor zwanzig Jahren den Jackpot knackten. Solche Momente würzen Ihr Leben, aber kurze Zeit später wird sich das Glücksgefühl verflüchtigt haben und Sie werden sich wieder auf Ihr gewohntes Gefühlsniveau eingependelt haben. Auch der Lotto-Millionär findet sich bald in seiner alten Haut wieder. Sein Haus wird größer sein, die Freunde etwas zahlreicher, doch im Grunde ist er derselbe geblieben. Und oft sind Haus, Freunde und Millionen nach kurzer Zeit ohnehin wieder wie von Zauberhand verschwunden.

Es sind also nicht die einzelnen Glücksmomente, die darüber entscheiden, ob Sie ein glückliches und zufriedenes Leben führen. Maßgeblich ist, auf welcher Höhe sich Ihr durchschnittliches Stimmungsniveau befindet. Eine positive Grundstimmung sollte der Normalfall sein. Und dieses wird bestimmt durch die Vielzahl der kleinen Ereignisse, die sich im Lauf der Zeit aufsummieren. Der freundliche Gruß Ihres Nachbarn, das Rotkehlchennest in Ihrer Hecke, der gelungene Ausflug mit Ihren Kollegen, die gute Lateinnote Ihres Sohnes – aus solchen Dingen setzt sich ein gelungenes Leben zusammen.

Je besser die Grundstimmung, desto größer das Lebensglück.

Sicher kennen Sie jemanden, der sich sein Leben lang bequem treiben lässt, aber im Grunde kreuzunglücklich ist, weil er nichts von all dem macht, was er eigentlich hätte erreichen wollen und können. Oder einen Kollegen, der sich unausgesetzt angegriffen fühlt, immer in Verteidigungsstellung lauert, weil er hinter jedem freundlichen Wort einen Angriff argwöhnt. Er ist ständig unzufrieden – mit sich selbst, seinem Partner, seinen Kindern. Im Urlaub schwärmt er davon, wie glücklich die Einheimischen in ihren Hütten leben, kaum wieder zu Hause angekommen, ärgert er sich darüber, dass sein Haus nur 140 Quadratmeter hat und nicht 150. Und einen

Pool wie der Nachbar wollte er auch schon lange haben. Alles könnte größer, schöner, besser für ihn sein und er verzweifelt daran, dass er niemals das Maximum aus einer Situation herausholen kann. Doch indem er nach den Sternen greift, verpasst er laufend die realistischen Möglichkeiten.

Sein Leben besteht aus lauter Alltagserlebnissen, die ihn nerven. Frau Schmidt hat sich an der Käsetheke vorgedrängelt, sein Auto verbraucht schon wieder mehr als sieben Liter, sein Chef hat heute auf dem Gang so komisch geguckt. Sein Stimmungspegel liegt ziemlich weit unten. Vom Lebensglück ist er meilenweit entfernt. Wie einer dieser Rentner, der morgens die Bild-Zeitung holt und schon beim Bäcker seine Unzufriedenheit mit der Welt allen anderen mitteilt. Negativ eingestellte Menschen wie er kommentieren selbst das Positive mit einem »nicht schlecht!«.

Wechseln Sie die Perspektive: Die Dinge sind gut oder noch nicht gut. Das Ziel ist, jeden Tag ein bisschen zufriedener zu werden. Ein zufriedenes Leben setzt sich aus vielen kleinen positiven Erlebnissen zusammen, 100-mal lächeln ist wichtiger als einmal lachen. Und einen Grund zu lächeln findet man an jeder Ecke.

Wie es sein soll

Heute Abend ist das Klaviervorspiel Ihrer Tochter. Diesen besonderen Moment möchten Sie unbedingt festhalten und haben sich deshalb noch schnell eine Videokamera gekauft. Nun sitzen Sie im Wohnzimmer, in spätestens einer halben Stunde müssen Sie losfahren, und die Kamera macht immer noch keinen Mucks. Das darf doch nicht wahr sein! Oben im Bad kreischt Ihre Tochter auf und schreit: »Ich habe mir gerade Wimperntusche auf meine Bluse geschmiert. Hol mir schnell meine blaue aus dem Schrank.« Nun gibt es zwei Möglichkeiten. Die eine: Sie explodieren: »Immer zerren alle an mir herum. Die verfluchte Kamera tut's nicht. Der Verkäufer hat mir mal wieder einen Schrott angedreht. Jetzt ist alles im Eimer. Nichts funktioniert. Nie klappt etwas.«

Die andere Möglichkeit: Sie reagieren gelassen. Der Tochter das Kleidungsstück bringen – das ist schließlich wichtiger, denn sie kann ja kaum im Unterhemd vorspielen –, dann zurück zur Kamera, die Betriebsanleitung noch einmal in Ruhe durchlesen. Sie entdecken, dass erst der Akku geladen werden muss. Das dauert aber drei Stunden. Na gut, dann wird eben nichts aus der Video-Aufnahme. Sie hätten sich früher drum kümmern müssen. Beim nächsten Mal werden Sie daran denken. Ist ja auch kein Beinbruch. Vielleicht kann der Vater der Freundin Ihrer Tochter ja für Sie mitfilmen. Sie akzeptieren die Dinge, wie sie sind, und ärgern sich nicht über etwas, was Sie nicht mehr ändern können. Entspannt fahren Sie mit Ihrer Tochter zur Vorführung.

Sie haben es also in der Hand, wie dieser kleine Vorfall in Ihrem Lebensbuch abgespeichert wird. Entweder unter »wunderschönes Vorspiel – der Vater von Töchterleins Freundin ist wirklich ein netter Kerl – eine kostbare Erinnerung, die Sie stolz macht, so oft Sie daran denken«. Oder als Vollkatastrophe, weil Ihre Tochter schon verheult zum Vorspiel kam, Sie selbst wie versteinert in der vordersten Reihe saßen und gar nicht richtig zugehört haben, weil Sie sich schon überlegten, wie Sie am nächsten Tag den Verkäufer im Elektroladen zur Schnecke machen. (Dass Sie dort als Trottel dastanden, weil Sie das mit dem Akku nicht kapiert hatten, werden Sie bald verdrängt haben.)

Indem Sie viele, viele einzelne Situationen mit Geduld und Ruhe ins Positive wenden, werden Sie Ihr Stimmungsniveau auf erfreulicher Höhe halten. Gelassenheit zu erringen, ist das Ziel im Leben. So gewinnen Sie auch Zufriedenheit. Das ist eine trainierbare Gewohnheit, Optimismus kann man lernen. Sie haben viel Einfluss darauf, in welche Richtung die Falten um Ihre Mundwinkel, die das Leben zwangsläufig in Ihr Gesicht zeichnen wird, zeigen werden: nach unten oder nach oben. Und wenn sie nach oben zeigen, dann werden Sie auch niemals Botox brauchen.

Der realistische Optimist

Viele Menschen betrachten einen Optimisten als einen naiven Gutmenschen, der blauäugig und mit einem Dauergrinsen auf dem Gesicht durch die Welt wandelt, als einen Simplicissimus, der nur allzu leicht von anderen übers Ohr gehauen wird. Und dem es in die Wiege gelegt wurde, aufgrund seiner hohen Erwartungen immer wieder bittere Enttäuschungen hinnehmen zu müssen.

Sie liegen mit dieser Einschätzung ganz falsch! Ein Optimist ist ganz und gar nicht blind gegenüber den Realitäten des Lebens. Im Gegenteil: Ein echter Optimist ist derjenige, der hinschaut und Probleme schon frühzeitig erkennt. In einem Stadium, in dem die Änderung noch leichtfällt. Er hat ein sehr feines Gespür für sein Bauchgefühl, denn hier entsteht immer das erste Alarmsignal, der Verstand schaltet sich erst viel später ein. Er lässt sich nicht so leicht durch ein »Ach lass mal, das wird schon« einlullen. Doch er übertreibt es auch nicht. Er ist vernünftig und beharrlich. Und mit weniger belastenden Problemen auch glücklicher als die selbsternannten Realisten. Ich nenne ihn deshalb den realistischen Optimisten.

Optimisten sind aktiv und setzen ihre Ressourcen effizient ein.

Optimisten zeichnen sich durch eine Reihe von Eigenschaften und Fähigkeiten aus. In den vorangegangenen Kapiteln dieses Buches haben Sie sie alle kennengelernt:

> *Optimisten nehmen Probleme frühzeitig wahr.*

Indem Optimisten offen und achtsam gegenüber der Welt ihrer Intuition vertrauen, haben sie sehr feine Antennen für Störungen. Damit können sie sofort handeln, im besten Falle, bevor das Problem überhaupt zum Tragen kommt. Sie geraten nicht leicht in Stress, weil zur Lösung eines kleinen Problems auch nur wenig Energie nötig ist. Deshalb sind sie Meister im Energiesparen. Sie stellen sich der Realität und verdrängen sie nicht in der trügerischen Hoffnung, dass sich Probleme schon von alleine wieder in Luft auflösen werden.

Was Sie hierfür brauchen:
> Ihr persönliches Stoppsystem (s. Kapitel 4) lässt Sie rechtzeitig innehalten;
> die Fähigkeit hinzuschauen (s. Kapitel 9) lässt Sie auftauchende Probleme frühzeitig erkennen;
> die Fähigkeit, achtsam zu sein (s. Kapitel 13) sorgt dafür, dass bereits erledigte Probleme nicht nochmals wieder auftauchen.

> *Optimisten akzeptieren unlösbare Probleme schnell und lösen sich von ihnen.*

Es passiert eine ganze Menge in Ihrem Leben, das Sie nicht beeinflussen können. Haben Sie sich schon einmal über das Wetter geärgert? Wurde es besser? Im Grunde wurde nur Ihre Stimmung schlechter. Es verbraucht nur sinnlos Energie, sich ständig über Ihren Schwager aufzuregen. Sie werden Ihr Lebtag nichts daran ändern, dass er ein Schwätzer und Verschwender ist. Akzeptieren Sie es, bleiben Sie freundlich, lassen Sie Familienfeiern geduldig über sich ergehen und wenden Sie sich den Dingen zu, die Sie ändern können.

Was Sie hierfür brauchen:
> die Technik, sich zu entspannen (s. Kapitel 5);
> die Technik des Aufschreibens (s. Kapitel 7).

› *Optimisten akzeptieren lösbare Probleme, wie sie sind.*
Nur wenn Sie nicht hadern, wird der Weg frei, um etwas zu ändern. Mit den Dingen seinen Frieden machen, mit sich selbst seinen Frieden machen. Als Optimist versuchen Sie nicht, Probleme kleinzureden. Sie haben einen klaren, ehrlichen Blick auf die Realität. Wenn Sie sich schon mit einem Problem beschäftigen, dann sollten Sie es auch vollständig annehmen und lösen. Auch hierfür brauchen Sie:
   › die Technik, sich zu entspannen (s. Kapitel 5);
   › die Technik des Aufschreibens (s. Kapitel 7).

› *Optimisten planen zügig konkrete, realistische Wege zur Verbesserung der Lage.*
Als Optimist arbeiten Sie beharrlich an einer Lösung. »Was kann ich als Nächstes tun?« Der römische Philosoph und Literat Seneca schrieb: »Optimisten treffen ihre Entscheidungen nüchtern und beschwingt.« Verstand und Emotion sind also bei der Zielsetzung beteiligt. Das eine kommt ohne das andere nicht aus. Nüchtern heißt: Verstand, realistisch; beschwingt heißt: emotional positiv, sich etwas Schönes vorstellen.

Was Sie hierfür brauchen:
   › die Technik des Visualisierens (s. Kapitel 6);
   › die Technik des Aufschreibens (s. Kapitel 7);
   › die Fähigkeit, Ziele zu setzen (s. Kapitel 10);
   › die Fähigkeit, Wege zu finden (s. Kapitel 11).

› *Optimisten kommen leicht ins Handeln und bleiben dran.*
Der realistische Optimist ist ein Meister des ersten Schritts. Dies ist die allerwichtigste Fähigkeit, denn nur wenn Sie auch wirklich etwas tun, ändern Sie die Dinge. Es fängt alles mit dem Handeln an. Es hat noch nie geholfen, sich im stillen Kämmerlein zu überlegen, was man alles machen könnte – tun müssen Sie es! Die meisten Vorhaben scheitern daran, dass erst gar nicht angefangen wird.

Was Sie hierfür brauchen:
- die Fähigkeit, den ersten Schritt zu machen (s. Kapitel 12);
- keine Angst vor Veränderungen (s. Kapitel 14);
- Beharrlichkeit (s. Kapitel 15).

- *Optimisten streben zufriedenstellende, nicht unbedingt perfekte Lösungen an.*
Zufriedenstellende Ergebnisse akzeptieren zu können ist ein elementarer Teil der Lebenskunst. Ihr Auto wird sicher nicht die Spitze der Ingenieurskunst sein, im Vergleich zu den Traumautos, die Sie auf Kalenderblättern bewundern können, sieht es ein bisschen wie eine Seifenkiste aus. Doch es kommt für Sie einfach nicht in Frage, 250.000 Euro für einen fahrbaren Untersatz auszugeben. Seien Sie also zufrieden damit, dass Ihr Auto ausreichend bequem ist, im Winter heizbar und Sie sicher von einem Ort zum anderen bringt. Überlegen Sie immer wieder: »Was brauche ich wirklich?«

Zufriedenstellendes zu akzeptieren heißt noch lange nicht, dass Sie sich nicht überlegen, wie man es verbessern kann. Nach Verbesserung zu streben ist gut. Setzen Sie aber Ihre begrenzte Energie dort ein, wo sie den größten Nutzen stiftet. Ich habe mehr als eine Party erlebt, bei der die Gastgeber durch ihr Streben nach einem perfektem Ablauf immer wieder die gerade aufkommende Stimmung störten. An einem Sommerabend standen wir alle im Garten, hatten ein Glas in der Hand, redeten und lachten, holten uns zwischendurch etwas zu essen. Wunderbar, bis die Gastgeber uns nötigten, an die gedeckte Tafel im warmen Wohnzimmer zu kommen. Davon hat sich die Party nicht erholt.

Was Sie hierfür brauchen:
- die Fähigkeit, sich die richtigen Ziele zu setzen (s. Kapitel 10);
- die Fähigkeit, sich immer das richtige Problem vorzunehmen (s. Kapitel 16).

Ein berühmtes Beispiel für einen echten Optimisten ist Walt Disney. Er war ein großer Träumer und Visionär, stand jedoch gleichzeitig mit beiden Beinen auf dem Boden. Denn er hatte die Fähigkeit, sich nicht nur mit vollem Elan, überbordender Fantasie und Enthusiasmus auf ein neues Projekt zu werfen, sondern gleichzeitig auch realistisch die notwendigen Prozesse einzuschätzen und die Rolle eines inneren Kritikers zu versehen. Er fragte nicht nur: »Was wünsche ich mir?«, er fragte auch: »Wie setze ich das um?« und: »Was könnte schiefgehen? Was werde ich dann dagegen tun?« Robert B. Dilts, einer der Mitbegründer der NLP-Methode, beschrieb ihn einmal so: »… tatsächlich gab es drei Walts: den Träumer, den Realisten und den Miesepeter.«

Glücksjagd? Abgeblasen!

Optimismus ist eine Einstellung zum Leben. Diese können Sie fördern und entwickeln, indem Sie sich die passenden Gewohnheiten zulegen. Trainieren Sie Ihr Gewohnheitstier, machen Sie sich die Verhaltensweisen eines Optimisten zur Gewohnheit. In diesem Buch haben Sie gesehen, wie es geht. So kommen Sie in einer Aufwärtsspirale zum Optimismus.

All die Dinge, die Ihr Gewohnheitstier übernehmen kann, sollten Sie es auch tun lassen. Es kann viel leisten, das sollten Sie schätzen und auch nutzen. Vertrauen Sie Ihren

Gewohnheiten, aber überlassen Sie sich ihnen nicht. Haben Sie ein Auge auf Ihr Gewohnheitstier: Lassen Sie es produktive Gewohnheiten ausführen und trainieren Sie ihm unproduktiv gewordene Gewohnheiten auch wieder ab. Wenn es das Alltägliche für Sie erledigt, haben Sie Kapazitäten frei, um das Überraschende in Ihrem Leben zu bewältigen.

Reiten Sie Ihr Gewohnheitstier, indem Sie sich Ihre Gewohnheiten aussuchen. Es wird Sie tragen, ruhig, sicher und gut gelaunt. Es lohnt sich, denn Pessimisten küsst man nicht. Mit einem gut abgerichteten Gewohnheitstier führen Sie Ihr Leben zufrieden und gelassen und werden nicht selbst geführt. Ein paar Glücksmomente zwischendurch werden sicher nicht schaden, die kommen dann ganz von allein.

**Eine positive Grundstimmung,
garniert mit vielen glücklichen Momenten –
so sollte es sein, das gute Leben.**

Literatur

Covey, Stephen R.: *Der 8. Weg: Von der Effektivität zur wahren Größe.* GABAL-Verlag: Offenbach/Main 2006

Eberspächer, Hans: *Gut sein, wenn's drauf ankommt. Erfolg durch mentales Training.* Hanser: München 2004

Emery, Gary./Campbell, J.: *Rapid Relief from Emotional Distress. A new Clinically Proven Method for Getting over Depression.* Ballantine Books: New York 1986

Gentry, W. Doyle: *Glück für Dummies. Gehen Sie mit einem Lächeln durchs Leben. So finden Sie Zufriedenheit.* Wiley-VCH-Verlag: Weinheim 2009

Kuhl, Julius: *Lehrbuch der Persönlichkeitspsychologie: Motivation, Emotion und Selbststeuerung.* Hogrefe-Verlag: Göttingen 2009

Lazarus, Arnold A./Lazarus, Clifford N.: *Der kleine Taschentherapeut. In 60 Sekunden wieder o.k.* Klett-Cotta: Stuttgart 2001

LeDoux, Joseph: *Das Netz der Gefühle. Wie Emotionen entstehen.* dtv: München 2001

Martens, Jens-Uwe/Kuhl, Julius: *Die Kunst der Selbstmotivierung. Neue Erkenntnisse der Motivationsforschung praktisch nutzen.* Kohlhammer: Stuttgart 2004

Rückert, Hans-Werner: *Entdecke das Glück des Handelns. Überwinden wie das Leben blockiert.* Campus: Frankfurt/Main 2004

Schmid, Wilhelm: *Schönes Leben? Einführung in die Lebenskunst.* Suhrkamp: Frankfurt/Main 2000

Schmidbauer, Wolfgang: *Dranbleiben. Die gelassene Art, Ziele zu erreichen.* Herder: Freiburg i. Br. 2002

Schwartz, Tony/Loehr, Jim: *Die Disziplin des Erfolgs. Von Spitzensportlern lernen. Energie richtig managen.* Econ: Berlin 2003

Seligman, Martin: *Pessimisten küsst man nicht. Optimismus kann man lernen.* Droemer-Knaur: München 1990

Sloterdijk, Peter: *Du musst dein Leben ändern. Über Anthropotechnik.* Suhrkamp: Frankfurt/Main 2009

Thayer, R.E.: *Calm Energy. How People regulate Mood with Food and Exercise.* Oxford University Press: Oxford 2003

Weitere Literaturhinweise auf *www.schulz-wimmer.de*

Wenn Wünsche wahr werden

ISBN 978-3-466-34553-3

The Opus – die Vision erzählt in höchst motivierenden, poetischen Texten und Bildern, was passiert, wenn wir fest an uns selbst glauben, an unsere Kreativität und Schöpferkraft. Ziele erreichen, Erfolg haben, zufrieden und gesund bleiben, glücklich sein – was auch immer Sie sich wünschen: Erwarten Sie einfach das Beste!

Psychologie und Lebenshilfe

www.koesel.de Sachbücher & Ratgeber

Wenn's mal nicht so läuft, wie Sie's gern hätten ...

Psychologie und Lebenshilfe

ISBN 978-3-466-34523-6

An manchen Tagen ist der Wurm drin ..., doch ganz gleich, was die Stimmung trüben mag: Dieses Buch bringt Zuversicht und gute Laune zurück. Notfall-Rezepte und Langzeit-Rezepte halten passende Zutaten gegen Verzagtheit und Weltschmerz parat. Sie fördern die mentale Kraft, steigern das Selbstwertgefühl – und schon sieht alles anders aus!

www.koesel.de   Sachbücher & Ratgeber